많은 학부모들이 선택한
어휘력 향상의
길잡이

공습국어 초등어휘는 2008년 첫 선을 보인 이래로 많은 학부모와 학생들로부터 남다른 관심과 사랑을 받고 있습니다. 공습국어 초등어휘가 이렇게 짧은 시간 안에 초등 어휘력 학습을 대표하는 교재로서 자리를 잡을 수 있었던 것은 아이들이 부담 없이 재미있게 공부할 수 있도록 교재를 활용 중심으로 최적화하여 구성한 것과 교과서에 나오는 낱말을 다룸으로써 교과 학습과 자연스럽게 연계할 수 있도록 배려한 것이 아닐까 생각합니다.

그런데 단계별로 교재의 수가 적어 서너 달이 지나면 더 이상 단계에 맞는 어휘력 학습을 지속할 수 없는 문제가 있었습니다. 그렇다고 다음 단계로 넘어가는 것도 좀 애매해서 몇 달 동안 이어온 학습 흐름이 끊어질 수밖에 없었습니다.

이번에 추가로 어휘력 교재를 출간하게 된 것은 각 단계에 맞는 어휘력 학습을 적어도 1년 정도는 꾸준히 진행할 수 있게 하기 위해서입니다. 이렇게 함으로써 다음 단계를 학습할 때까지의 기간을 최소화하거나 바로 다음 단계로 넘어가더라도 큰 어려움 없이 적응할 수 있을 것입니다.

그리고 새로 나온 어휘력 교재는 1~3권과는 다른 문제 유형으로 코너를 구성하였습니다. 이는 같은 유형을 반복함으로써 오는 지루함을 없애고 문제 풀이 방법이 관성화되는 것을 막기 위해서입니다. 또한 이미 알고 있는 낱말이라고 하더라도 유형을 달리하여 풀어봄으로써 어휘를 좀 더 풍부하게 활용할 수 있도록 하기 위해서입니다.

주니어김영사는 교재에 대한 질책과 격려 모두를 소중히 받아 안을 것입니다. 항상 열린 자세로 최대한 교재를 화과적으로 이용할 수 있도록 도와드릴 것이며 아울러 더 좋은 교재로 다가가기 위해 노력하겠습니다.

감사합니다.

공습국어 초등어휘 학습 전략

> 공습국어 초등어휘는 초등 교과서에
> 나오는 낱말을 중심으로 구성되어 있는
> 어휘력 프로그램으로,
> 단순히 낱말의 사전적 의미를 암기하는 것이 아닌
> 낱말과 낱말 사이의 관계와 낱말의 다양한 쓰임새를
> 여러 가지 문제 유형을 통해 학습합니다.

기본과 심화의 연속된 어휘 학습 과정

공습국어 초등어휘는 전 과정이 학년에 따라 나누어져 있습니다. 크게 1·2학년, 3·4학년, 5·6학년 3개의 과정으로 이루어져 있습니다. 그리고 각 과정별로 기본 Ⅰ·Ⅱ·Ⅲ, 심화 Ⅰ·Ⅱ·Ⅲ 단계로 구성되어 있습니다.

과정	단계	
1 · 2학년	기본	Ⅰ, Ⅱ, Ⅲ 단계
	심화	Ⅰ, Ⅱ, Ⅲ 단계
3 · 4학년	기본	Ⅰ, Ⅱ, Ⅲ 단계
	심화	Ⅰ, Ⅱ, Ⅲ 단계
5 · 6학년	기본	Ⅰ, Ⅱ, Ⅲ 단계
	심화	Ⅰ, Ⅱ, Ⅲ 단계

기본 단계와 심화 단계는 서로 다른 구성과 학습 목표를 가지고 있습니다. 기본 단계는 낱말이 가지고 있는 기본적인 의미와 다른 낱말과 관계를 파악하는 단계입니다. 심화 단계는 유추와 연상 활동을 통해 낱말이 가지는 다양한 의미를 알고 정확하게 낱말을 읽고 쓰는 단계입니다.

기본 단계와 심화 단계는 서로 동떨어져 있는 것이 아니라 연속된 훈련 단계입니다. 따라서 공습국어 초등어휘를 처음 시작하는 경우는 기본 단계부터 순서대로 학습하는 것이 학습 효과를 극대화할 수 있습니다.

물론 공습국어 초등어휘 기본 단계로 학습한 경험이 있다면 각 과정의 심화 단계를 공부해도 괜찮습니다. 하지만 1·2학년 과정에서 기본 단계를 학습하고 현재 3학년이나 4학년이 되었다면 3·4학년 과정의 심화 단계보다는 3·4학년 과정의 기본 단계부터 시작하거나, 1·2학년 과정의 심화 단계를 한 다음 3·4학년 과정의 기본 단계로 넘어가는 것이 좋습니다.

교과서의 낱말을 다양한 문제 유형을
통해 재미있게 익힌다!

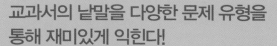

공습국어 초등어휘의 특징

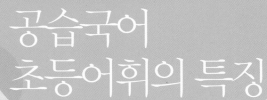

 하나 초등 교과서에 나오는 낱말로 문제 구성

공습국어 초등어휘는 국어, 수학, 사회, 과학 등 초등 전 교과에서 낱말을 발췌하여 문제를 구성하였습니다. 각 회별로 8~10개의 낱말이 교과 영역에 따라 들어 있으며 권당 250~300개 정도의 낱말을 익힐 수 있습니다. 따라서 교재에서 다루고 있는 낱말을 익히다 보면 해당 교과의 내용을 이해하는데 많은 도움이 될 것입니다.

 둘 상황에 따라 낱말이 가지는 복합적 의미 이해

사전에 명시된 낱말의 기본적인 의미뿐만 아니라 상황을 유추하여 적절한 낱말을 찾는 활동, 같은 글자이지만 상황에 따라 전혀 다른 의미를 갖는 낱말을 고르는 활동, 여러 낱말을 보고 공통으로 연상되는 낱말을 찾는 활동을 통해 낱말이 가지는 복합적 의미를 파악하는 데 중점을 두고 학습할 수 있도록 했습니다.

 셋 바른 글쓰기를 위한 맞춤법 훈련

성인들도 글을 쓸 때 잘못된 낱말을 사용하거나 띄어쓰기가 틀리는 경우가 많이 있습니다. 이것은 한글 맞춤법에서 규정하고 있는 몇 가지 원칙만 제대로 이해한다면 충분히 개선할 수 있습니다. 특히 초등 단계에서부터 한글 맞춤법에 대해 의식적으로 알아보고 관련 문제들을 자주 접해 본다면 바르게 글을 쓰는데 큰 자신감을 갖게 될 것입니다. 공습국어 초등어휘에서는 '낱말 쌈 싸먹기' 꼭지를 통해 매회 한글 맞춤법 연습을 할 수 있으며 이러한 맞춤법 연습을 원활하게 할 수 있도록 하기 위해 135쪽에 '한글 맞춤법 알기'를 별도로 마련했습니다.

 넷 재미있고 다양한 문제 유형으로 구성된 학습 과정

공습국어 초등어휘는 여러 가지 문제 유형을 통해 다양하게 낱말을 습득하고 활용할 수 있도록 구성하고 있습니다. 특히 본격적인 문제 풀이에 들어가기 전 낱말 퍼즐 형식의 '가로·세로 낱말 만들기'로 두뇌 워밍업을 할 수 있도록 했으며, 아울러 앞선 회의 낱말도 복습할 수 있도록 했습니다. 또한 '낱말은 쏙쏙! 생각은 쑥쑥!' 꼭지의 문제들은 그림이나 퀴즈 형식을 이용하여 지루하지 않게 공부할 수 있습니다.

교재 구성 한눈에 보기

가로·세로 낱말 만들기

'가로·세로 낱말 만들기'는 본격적인 문제 풀이를 하기 전 가볍게 머리를 풀어보는 준비 단계의 의미와 앞선 회에서 공부한 낱말을 찾아서 만들어 봄으로써 한 번 더 낱말을 익힌다는 복습의 의미를 함께 갖고 있습니다. 적게는 3개 많게는 5개 정도 앞선 회에서 배운 낱말을 주어진 글자와 연결 낱말을 이용해 찾아야 합니다. 낱말 만드는 자세한 방법은 7쪽을 참고해 주세요.

주어진 연결 낱말을 이용하여 낱말을 만들어보세요. 단 색이 칠해진 칸에는 낱말을 쓸 수 없습니다.

만들어야 할 낱말의 개수와 도전 시간이 표시되어 있고, 만든 낱말의 개수와 걸린 시간을 적습니다.

글자를 조합하여 앞선 회에 배운 낱말이 있는지 찾아봅니다.

낱말은 쏙쏙! 생각은 쑥쑥!

어휘력 학습을 본격적으로 시작하는 꼭지입니다. '그림으로 낱말 찾기', '낱말 뜻 알기', '낱말 친구 사총사', '연상되는 낱말 찾기', '짧은 글짓기'의 5개 코너로 구성되어 있습니다.

걸린 시간 해당 단원을 푸는 데 걸린 시간을 적습니다.

그림으로 낱말 찾기 원으로 표시된 그림 부분을 보고 유추할 수 있는 낱말을 보기에서 고릅니다.

낱말 뜻 알기 낱말의 기본 의미를 알아보는 코너로 □ 안의 첫 글자를 보고 알맞은 낱말을 적습니다.

공습국어 초등어휘는 모두 30회 과정이며 각 회별로 '가로·세로 낱말 만들기', '낱말은 쏙쏙! 생각은 쑥쑥!, '낱말 쌈 싸 먹기'의 3가지 꼭지가 있습니다.

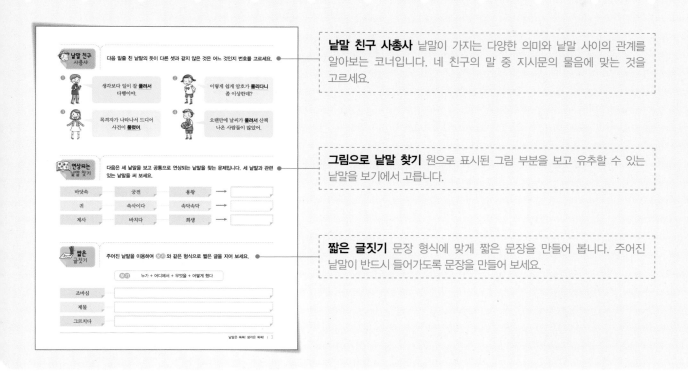

낱말 친구 사총사 낱말이 가지는 다양한 의미와 낱말 사이의 관계를 알아보는 코너입니다. 네 친구의 말 중 지시문의 물음에 맞는 것을 고르세요.

그림으로 낱말 찾기 원으로 표시된 그림 부분을 보고 유추할 수 있는 낱말을 보기에서 고릅니다.

짧은 글짓기 문장 형식에 맞게 짧은 문장을 만들어 봅니다. 주어진 낱말이 반드시 들어가도록 문장을 만들어 보세요.

낱말 쌈 싸 먹기

'낱말 쌈 싸 먹기'는 맞춤법, 띄어쓰기 코너를 통해 올바른 낱말 표기를 위해 꼭 알아야 할 규칙을 알아봅니다. 또한 관용어와 한자어 꼭지를 통해 상황에 어울리는 속담이나 격언을 찾고, 문장의 의미에 맞는 한자어나 사자성어를 알아봅니다.

맞춤법 두 낱말 중 맞춤법이 올바른 낱말을 찾거나, 맞춤법이 틀린 낱말을 찾아 바르게 고쳐 써 봅니다.

띄어쓰기 두 낱말 중 띄어쓰기가 올바르게 된 낱말을 고릅니다.

관용어 □를 채워 그림이 표현하는 상황에 어울리는 속담이나 격언 등의 관용어를 만들어 봅니다.

한자어 자연스러운 문장이 되도록 □ 안에 들어갈 알맞은 한자어나 사자성어를 찾아봅니다.

꾸준함이 어휘력을 키우는
가장 좋은 방법입니다!

공습국어
초등어휘의 활용

하나 처음 일주일 정도는 아이와 함께 하세요

공습국어 초등어휘의 코너 구성과 문제 유형을 아이가 이해할 수 있도록 일주일 정도는 아이와 함께 문제를 풀어보세요. 각각의 문제 유형을 설명해주고, 채점을 통해 아이에게 미진한 부분이 있으면 다시 설명해주면서 아이가 혼자서도 충분히 문제를 해결할 수 있도록 도와주세요.

둘 꾸준히 학습할 수 있는 환경을 만들어주세요

매일 1회분씩 학습 진도를 나가는 것이 가장 이상적이긴 하지만 현실적으로 불가능한 경우가 많습니다. 따라서 매일이 아니더라도 꾸준히 교재를 볼 수 있도록 학습 스케줄을 잡아 주세요. 이때 부모님이 일방적으로 결정하지 마시고 아이와 충분히 상의하여 가능한 아이의 의견이 반영되도록 해주세요.

셋 1권부터 순서대로 학습할 수 있도록 해 주세요

공습국어 초등어휘 심화 단계는 각 학년별 4~6권에 해당합니다. 그리고 문제 유형이나 내용이 1~3권에 비해 다소 복잡하거나 어렵습니다. 따라서 어휘력 학습을 처음 시작하는 경우라면 1권부터 순서대로 교재를 보는 것이 좋습니다. 물론 이전에 어휘력 교재를 보았거나 국어 실력이 상위권이라면 4권부터 시작해도 괜찮습니다.

넷 문제 풀이에 걸리는 적정한 시간은 10분 내외입니다

문제를 푸는 데 걸리는 시간은 대략 10분 정도면 충분합니다. 하지만 문제 유형이 익숙하지 않은 초반에는 이보다 시간이 더 걸릴 수도 있습니다. 따라서 일정 기간 동안은 시간에 구애 받지 않고 편하게 문제를 풀면서 교재에 적응할 수 있도록 해 주세요.

다섯 낱말 쌈 싸 먹기 문제는 이렇게 준비해 주세요

'낱말 쌈 싸 먹기' 문제는 한글 맞춤법과 관용어의 의미를 알고 있어야 문제를 해결할 수 있습니다. 따라서 11~12쪽에 있는 '알쏭달쏭 낱말 알기'와 '관용어 알아보기'를 틈틈이 확인해서 그 내용을 아이가 기억할 수 있도록 해주세요.

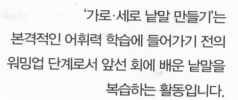

가로·세로
낱말 만들기는
이렇게 풀어요!

"
'가로·세로 낱말 만들기'는
본격적인 어휘력 학습에 들어가기 전의
워밍업 단계로서 앞선 회에 배운 낱말을
복습하는 활동입니다.
"

1회에서는 낱말 만들기를 연습합니다. 이미 만들어야 한 낱말이 제시되어 있는데, 글자 표에서 해당 낱말을 찾아본 다음 낱말 판 안의 낱말을 연결하여 해당 낱말을 만들어 봅니다.

2회부터 실제 낱말 만들기를 하게 되는데 이때 낱말 판 안에 낱말을 만들 때 꼭 알아두어야 할 기본 규칙이 있습니다.

- 낱말 판 안에 제시된 낱말을 연결하여 낱말을 만들어야 합니다.
- 낱말 판 안에 색이 칠해진 칸에는 낱말을 만들 수 없습니다.
- 글자는 한 번만 사용 가능하며 중복하여 사용할 수 없습니다.
- 국어사전에 등재되지 않은 낱말은 쓸 수 없습니다.

이 네 가지 기본 규칙을 꼭 기억해서 낱말을 만들 때 실수하지 않도록 하세요.
그럼 낱말을 만드는 기본 순서를 알아볼까요?

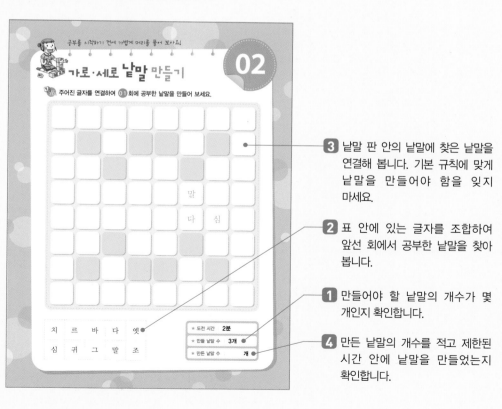

3 낱말 판 안의 낱말에 찾은 낱말을 연결해 봅니다. 기본 규칙에 맞게 낱말을 만들어야 함을 잊지 마세요.

2 표 안에 있는 글자를 조합하여 앞선 회에서 공부한 낱말을 찾아 봅니다.

1 만들어야 할 낱말의 개수가 몇 개인지 확인합니다.

4 만든 낱말의 개수를 적고 제한된 시간 안에 낱말을 만들었는지 확인합니다.

'낱말은 쏙쏙! 생각은 쑥쑥!'은 이렇게 풀어요!

그림으로 낱말 찾기

'그림으로 낱말 찾기'는 사물의 이름이나, 동작 혹은 어떤 상태나 느낌 등을 나타내는 낱말을 그림을 보면서 유추해보는 활동을 하는 꼭지입니다. 동그라미로 표시된 그림 부분이 아래 보기의 낱말 중 어느 것에 해당하는 지 찾아본 다음, 알맞은 낱말을 □ 안에 적습니다. 그림은 보는 사람에 따라 여러 가지 낱말로 만들 수 있기 때문에 반드시 보기에 제시된 낱말 중에서 가장 알맞은 낱말을 선택해야 합니다.

그리고 □ 위에는 낱말이 가리키는 품사가 적혀 있는데 보기 중에 정답으로 쓸 수 있는 낱말이 두 개 이상 있다면 제시된 품사에 맞는 낱말을 적어야 합니다. 참고로 각각의 품사가 가지고 있는 의미는 다음과 같습니다.

- **이름씨** : 사물의 이름을 나타내는 품사
- **움직씨** : 사물의 동작이나 작용을 나타내는 품사
- **그림씨** : 사물의 성질이나 상태를 나타내는 품사
- **어찌씨** : 다른 말 앞에 놓여 그 뜻을 분명하게 나타내는 품사

낱말 뜻 알기

'낱말 뜻 알기'는 낱말의 기본적인 뜻을 알아보는 활동입니다. 낱말의 뜻을 알기 위해서는 설명하고 있는 글의 □를 채워야 하는데, □에는 어떤 특정한 낱말의 첫 글자가 제시되어 있습니다. 제시된 첫 글자와 전체 문장의 내용을 보고 빈 □ 안에 적당한 글자를 써야 합니다.

□에 채워 완성해야 할 낱말을 비교적 쉽고 단순한 낱말들로 되어 있으므로 조금만 생각해보면 □를 채워 문장을 완성할 수 있을 것입니다.

'낱말은 쏙쏙! 생각은 쑥쑥!'에서 각 활동별로 공부하게 되는 낱말들은 '그림으로 낱말 찾기' 활동의 보기에 제시되어 있습니다. 모두 8~10개의 낱말을 공부하게 되는데, 보기에 제시된 낱말을 잘 살펴보면 모든 활동을 어렵지 않게 짧은 시간 안에 끝낼 수 있습니다.

낱말 친구 사총사

'낱말 친구 사총사'에서는 크게 3가지 활동을 하게 됩니다. 첫째는 소리는 같은 글자이지만 뜻이 다른 낱말을 찾는 활동, 둘째는 다른 세 낱말을 포함하는 큰 말을 찾는 활동, 셋째는 문장 안의 일부 구절이 어떤 뜻인지 찾는 활동입니다.

첫째 번 활동을 예를 들자면 '배'라는 낱말의 경우 문장 안에서 과일의 배로 쓰일 수도 있고 타는 배로 쓰일 수도 있습니다. 이때 만약 세 친구는 '타는 배'라는 뜻으로 배를 사용했고, 한 친구만 '과일의 배'라는 뜻으로 배를 사용했다면 셋과 다르게 말한 한 친구를 정답으로 선택합니다.

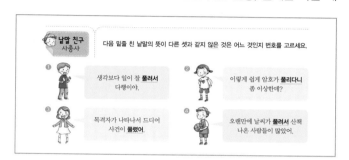

연상되는 낱말 찾기

'연상되는 낱말 찾기'는 제시된 세 낱말을 보고 공통으로 연상할 수 있는 낱말을 찾아보는 활동입니다. 제시된 세 낱말은 찾아야 할 낱말의 사전적인 의미이거나 조건이나 상태 등을 나타냅니다.

예를 들어 '산', '배낭', '오르다'라는 세 낱말이 주어졌다면 이 세 낱말을 통해 공통으로 연상할 수 있는 낱말로 '등산'을 떠올릴 수 있을 것입니다.

짧은 글짓기

'짧은 글짓기'는 주어진 문장 형식에 맞게 낱말을 넣어 짧은 글을 지어보는 활동입니다. 여러 가지 문장 형식으로 짧은 글을 만들다 보면 낱말이 문장 안에서 쓰일 때 어떻게 활용되는지 확인할 수 있습니다.

만약 '가방'이라는 낱말이 주어지고 이 낱말이 '누가 + 무엇을 + 어떻게 했다'라는 문장 형식을 가진 글에 들어가야 한다면 다음과 같이 문장을 만들 수 있습니다.

아버지께서 가방을 가져갔다.

'낱말 쌈 싸 먹기'는 이렇게 풀어요!

'낱말 쌈 싸 먹기'는 맞춤법, 띄어쓰기, 관용어, 한자어와 관련된 문제를 풀게 됩니다. 이 문제들을 풀기 위해서는 다음 쪽에 나오는 '알쏭달쏭 낱말 알기'와 '관용어 알아보기'를 꼼꼼히 읽어 보세요. 문제를 푸는 데 많은 도움이 될 것입니다.

맞춤법

문장 안에 잘못 쓴 낱말을 찾아 바로 고쳐 쓰거나, 두 낱말 중 바르게 쓴 낱말을 찾는 활동입니다. 오른쪽 그림에서처럼 '곰팡이, 곰팽이' 두 낱말이 주어졌다면 '곰팡이'가 바르게 쓴 낱말이므로 '곰팡이'에 동그라미를 치면 됩니다. 맞춤법 문제에 나온 낱말은 11쪽 '알쏭달쏭 낱말 알기'에 정리해 놓았으므로 미리 읽어 두세요.

> **맞춤법** 다음 문장에서 ( ) 안의 낱말 중 맞춤법이 맞는 낱말에 ○표 하세요.
>
> 오래된 식빵에 (곰팡이, 곰팽이)가 끼었다.

띄어쓰기

굵게 표시된 두 낱말을 중 띄어쓰기가 맞는 것을 찾는 활동입니다. 띄어쓰기 문제를 쉽게 풀기 위해서는 [도움말]을 반드시 읽어보기 바랍니다. [도움말]에는 문제로 나온 낱말을 띄어 써야 할지, 붙여 써야 할지 중요한 힌트가 들어 있기 때문입니다.

> **띄어쓰기** 주어진 두 문장 중 하나에는 띄어쓰기가 틀린 부분이 있습니다. 둘 중 바르게 띄어쓰기를 한 문장을 찾아 ○표 하세요.
>
> ㉮ 남은 자리가 **한 석**밖에 없어요.   ㉯ 남은 자리가 **한석**밖에 없어요.
>
> **도움말** 수량이나 횟수를 나타내는 단위는 띄어 씁니다.

관용어

그림에 제시된 상황과 관련된 속담이나 격언 등의 관용어를 찾는 활동입니다. □ 안에 글자를 넣어 관용어를 완성해 보세요. 예를 들어 '□ 구워 먹은 소식'이라는 문제가 주어졌다면 □ 안에 '꿩'을 적으면 됩니다. 속담이나 격언 등을 잘 모른다면 12쪽 '관용어 알아보기'를 미리 읽어 두세요.

> **관용어** □ 안에 낱말을 넣어서 그림 속 상황과 어울리는 속담이나 격언 등을 만들어 보세요.
>
>
>
> □ 구워 먹은 소식

한자어

문장을 읽고 □ 안에 들어갈 한자어나 사자성어를 보기에서 찾아 적는 활동입니다. 한자나 사자성어를 잘 모른다면 한자 사전이나 사자성어를 정리해 둔 책을 같이 놓고 문제를 풀기 바랍니다.

> **한자어** 글의 의미에 맞게 □ 안에 들어갈 알맞은 한자어를 **보기**에서 찾아 써 보세요.
>
> 우리 엄마가 태어나고 자란 □□ (은)는 한적한 □□ 에 있다.
>
> **보기** · 親家   · 外家   · 漢江   · 江村

알쏭달쏭 낱말 알기

낱말 쌈 싸 먹기의 맞춤법에 나오는 낱말입니다.
바르게 쓴 것과 잘못 쓴 것을 잘 비교해서 살펴보세요.

○ 수캉아지	× 수강아지	○ 골똘히	× 골돌히
○ 며칠	× 몇일	○ 귀머거리	× 귀먹어리
○ 띄엄띄엄	× 띠엄띠엄	○ 기어이	× 기여히
○ 미장이	× 미쟁이	○ 깍쟁이	× 깍정이
○ 목돈	× 몫돈	○ 깊숙이	× 깊숙히
○ 붉으락푸르락	× 불그락푸르락	○ 끄트머리	× 끝으머리
○ 부리나케	× 불이나게	○ 낭떠러지	× 낭떨어지
○ 아래층	× 아랫층	○ 넋두리	× 넉두리
○ 빚쟁이	× 빚장이	○ 나지막하다	× 나즈막하다
○ 안절부절못하다	× 안절부절하다	○ 널찍한	× 넓직한
○ 업신여기다	× 없신여기다	○ 눈썰미	× 눈설미
○ 여드레	× 여드래	○ 곧이듣다	× 고지듣다
○ 올바르다	× 옳바르다	○ 우레	× 우뢰

관용어 알아보기

" 낱말 쌈 싸 먹기의 관용어에 나오는
속담과 격언입니다.
미리 읽어보고 문제를 풀어 보세요. "

- **가물에 콩 나듯** : 어떤 일이나 물건이 어쩌다 하나씩 드문드문 있다.
- **간에 붙었다 쓸개에 붙었다 한다** : 자기에게 이익이 되면 지조 없이 이편에 붙었다 저편에 붙었다 함.
- **간이 크다** : 겁이 없고 매우 대담하다.
- **강 건너 불구경** : 자기에게 관계없는 일이라고 하여 무관심하게 방관하는 모양.
- **같은 값이면 다홍치마** : 값이 같거나 같은 노력을 한다면 품질이 좋은 것을 택한다.
- **개밥에 도토리** : 따돌림을 받아서 여럿의 축에 끼지 못하는 사람을 가리킴.
- **되로 주고 말로 받는다** : 조금 주고 그 대가로 몇 곱절이나 많이 받음.
- **될성부른 나무는 떡잎부터 알아본다** : 잘될 사람은 어려서부터 남달리 장래성이 엿보인다는 말.
- **문턱이 닳도록 드나들다** : 매우 자주 빈번하게 드나들다.
- **물에 빠진 놈 건져 놓으니까 내 봇짐 내라 한다** : 남에게 은혜를 입고서도 그 고마움을 모르고 생트집을 잡음.
- **미꾸라지 한 마리가 온 웅덩이를 흐려 놓는다** : 한 사람의 좋지 않은 행동이 여러 사람에게 나쁜 영향을 미침.
- **바가지를 쓰다** : 요금이나 물건 값을 실제 가격보다 비싸게 지불하여 억울한 손해를 보다.
- **발을 끊다** : 오고 가지 않거나 관계를 끊다.
- **배보다 배꼽이 더 크다** : 기본이 되는 것보다 덧붙이는 것이 더 많거나 크다.
- **백지장도 맞들면 낫다** : 쉬운 일이라도 협력하여 하면 훨씬 쉽다.
- **뱁새가 황새를 따라가면 다리가 찢어진다** : 힘에 겨운 일을 억지로 하면 도리어 해만 입는다.
- **벼룩의 간을 내먹는다** : 어려운 처지에 있는 사람에게서 금품을 뜯어냄.
- **병 주고 약 준다** : 남을 해치고 나서 약을 주며 그를 구원하는 체한다는 뜻.
- **분초를 다투다** : 아주 짧은 시간이라도 아끼어 급하게 서두르다.
- **사공이 많으면 배가 산으로 간다** : 주관하는 사람 없이 여러 사람이 자기주장만 내세우면 일이 제대로 되기 어렵다.
- **서당 개 삼 년에 풍월을 읊는다** : 어떤 분야에 오래 있으면 얼마간의 지식과 경험을 갖게 된다.
- **손이 크다** : 씀씀이가 후하고 크다.
- **신선놀음에 도낏자루 썩는 줄 모른다** : 아주 재미있는 일에 정신이 팔려서 시간 가는 줄 모르다.
- **쏘아 놓은 살이요 엎지른 물이다** : 한번 저지른 일을 다시 고치거나 중지할 수 없다.
- **온실 속의 화초** : 어려움이나 고난을 겪지 아니하고 그저 곱게만 자란 사람.
- **우물을 파도 한 우물을 파라** : 어떠한 일이든 한 가지 일을 끝까지 하여야 성공할 수 있다.
- **자라 보고 놀란 가슴 솥뚜껑 보고 놀란다** : 어떤 사물에 몹시 놀란 사람은 비슷한 사물만 보아도 겁을 냄.
- **파김치가 되다** : 몹시 지쳐서 기운이 아주 느른하게 되다.   **파리 날리다** : 영업이나 사업 따위가 잘 안되어 한가하다.
- **헌신짝 버리듯** : 요긴하게 쓴 다음 아까울 것이 없이 내버리다.

차례
Contents

3·4학년 심화 Ⅲ

01회	015
02회	019
03회	023
04회	027
05회	031
06회	035
07회	039
08회	043
09회	047
10회	051
11회	055
12회	059
13회	063
14회	067
15회	071

16회	075
17회	079
18회	083
19회	087
20회	091
21회	095
22회	099
23회	103
24회	107
25회	111
26회	115
27회	119
28회	123
29회	127
30회	131

**부록	한글 맞춤법 알아보기**	135
정답과 해설	

공습국어를 시작하며

이제 본격적인 어휘력 공부를 시작하게 돼요.

크게 숨을 한 번 내쉬면서 마음을 가다듬어 보세요.

책을 끝까지 볼 수 있을까? 문제가 어렵지는 않을까? 하는 걱정이

들기도 하겠지만 막상 시작해보면 괜한 걱정이었다 싶을 거예요.

한 번에 밥을 많이 먹으면 탈이 날 수 있는 것처럼

하루에 1회씩만 꾸준히 풀어 보세요.

그러다 보면 어느새 어휘력이

무럭무럭 자라나 있는 걸 볼 수 있을 거예요.

자 그럼 이제 출발해 볼까요?

가로·세로 낱말 만들기

 낱말 만들기 연습을 해 보세요.

			다				
			발	아			

금	어	발	름	르
드	다	아	깨	리

★ 만들어야 할 낱말 : 어르다, 아름드리, 깨금발
★ 낱말 만들기 방법은 7쪽을 참고하세요.

낱말은 쏙쏙! 생각은 쑥쑥!

그림으로 낱말 찾기

지시선이 가리키는 그림을 보고 사물의 이름이나 행동, 상태 등에 해당하는 낱말을 **보기** 에서 찾아 ☐ 안에 쓰세요.

❸ 움직씨

❹ 그림씨

❶ 이름씨

❺ 이름씨

❷ 움직씨

| **보기** | ·잿더미 | ·무대 | ·폭격 | ·수색하다 | ·비장하다 | ·아군 | ·얼어붙다 | ·은신처 |

낱말 뜻 알기

☐ 안에는 어떤 낱말의 첫 글자가 쓰여 있습니다. 이 첫 글자를 참고하여 ☐에 알맞은 말을 넣어 낱말 풀이를 완성해 보세요.

❶ **아군** : 우리 편 군 ☐ .

❷ **은신처** : 몸을 숨 ☐ ☐ 곳.

❸ **비장하다** : 슬 ☐ 면서도 그 감 ☐ 을 억눌러 씩씩하고 장하다.

❹ **잿더미** : 재가 쌓인 더 ☐ . 또는 불에 타서 폐 ☐ 가 된 자리를 비유적으로 이르는 말.

❺ **폭격** : 비행기에서 폭 ☐ 을 떨어뜨려 적의 군대나 시설물, 또는 국토를 파 ☐ 하는 일.

낱말 친구 사총사

다음 밑줄 친 낱말의 뜻이 다른 셋과 같지 <u>않은</u> 것은 어느 것인지 번호를 고르세요.

❶
어젯밤에 추위로 수도관이 **얼어붙었어.**

❷
주인공은 죽은 줄 알았던 형이 살아 돌아온 것을 보고, 그 자리에 **얼어붙었어.**

❸
할아버지의 호통에 우리는 모두 **얼어붙어** 버렸어.

❹
아이들은 충격과 공포 때문에 몸이 **얼어붙은** 채 그 자리에 꼼짝도 못하고 서 있었어.

연상되는 낱말 찾기

다음은 세 낱말을 보고 공통으로 연상되는 낱말을 찾는 문제입니다. 세 낱말과 관련 있는 낱말을 써 보세요.

군대	적군	우리 편	→	
전쟁	재	폐허	→	
연극	막	오르다	→	

짧은 글짓기

주어진 낱말을 이용하여 **보기** 와 같은 형식으로 짧은 글을 지어 보세요.

보기   누가 + 왜 + 무엇을 + 어떻게 했다

수색하다	
폭격	
비장하다	

낱말 쌈 싸 먹기

알쏭달쏭 헷갈리는 맞춤법, 띄어쓰기, 관용어, 한자어가 이제 한입에 쏙!
하루에 한 쪽씩 맛있게 냠냠 해치우자!

맞춤법 다음 문장에서 맞춤법이 틀린 낱말을 찾아 바르게 고쳐 써 보세요.

우리 집 개가 어제 수강아지 두 마리를 낳았다.　　　(　　　　　　) → (　　　　　　)

띄어쓰기 주어진 두 문장 중 하나에는 띄어쓰기가 틀린 부분이 있습니다. 둘 중 바르게 띄어쓰기를 한 문장을 찾아서 ○표 하세요.

㉮ 국수 **한 사리만** 더 넣어서 비벼 주세요.

㉯ 국수 **한사리만** 더 넣어서 비벼 주세요.

도움말 수량이나 횟수를 세는 단위는 띄어 씁니다.

관용어 □ 안에 낱말을 넣어서 그림 속 상황과 어울리는 속담이나 격언 등을 만들어 보세요.

자, 반창고 붙여.

자기가 밀어서 넘어뜨려 놓고선……

병 주고 □ 준다

한자어 글의 의미에 맞게 □ 안에 들어갈 알맞은 사자성어를 **보기**에서 찾아 써 보세요.

자신의 실수로 다투었다면 □□□□ 차원에서 먼저 사과하는 것이 좋다.

보기 ・공명정대(公明正大) ・결자해지(結者解之) ・사면초가(四面楚歌)

가로·세로 낱말 만들기

 주어진 글자를 연결하여 **01** 회에 공부한 낱말을 만들어 보세요.

				미	비		
				신			
				격			

신	장	격	비	미
더	폭	은	잿	처

★ 도전 시간	2분
★ 만들 낱말 수	4개
★ 만든 낱말 수	개

 낱말은 쏙쏙! 생각은 쑥쑥!

낱말 영역 |

걸린 시간 | 　분　　초

 **그림으로 낱말 찾기**

지시선이 가리키는 그림을 보고 사물의 이름이나 행동, 상태 등에 해당하는 낱말을 보기 에서 찾아 □ 안에 쓰세요.

❶ 이름씨

❷ 이름씨

❸ 이름씨

❹ 움직씨

❺ 이름씨

보기 · 논의하다　· 둘러보다　· 식수　· 그래프　· 완공　· 공공시설　· 질문지　· 예산

 **낱말 뜻 알기**

□ 안에는 어떤 낱말의 첫 글자가 쓰여 있습니다. 이 첫 글자를 참고하여 □에 알맞은 말을 넣어 낱말 풀이를 완성해 보세요.

❶ **식수** : 먹을 용□□의 물.

❷ **완공** : 공□□를 완□함.

❸ **질문지** : 어떤 문제에 관한 질□들을 열거한 종□.

❹ **논의하다** : 어떤 문제에 대하여 서로 의□을 내어 토□하다.

❺ **공공시설** : 국□나 공공 단체가 공공의 편의나 복□를 위하여 설치한 시설.

낱말 친구 사총사

다음 밑줄 친 낱말의 뜻이 다른 셋과 같지 <u>않은</u> 것은 어느 것인지 번호를 고르세요.

❶ 옛날에는 우물물을 **식수**로 사용했어.

❷ 식목일에 구청에서 **식수** 행사를 열었어.

❸ **식수**가 부족해서 수재민들이 힘들다는 뉴스를 보았어.

❹ **식수**가 오염되지 않도록 상수도를 잘 관리해야 해.

연상되는 낱말 찾기

다음은 세 낱말을 보고 공통으로 연상되는 낱말을 찾는 문제입니다. 세 낱말과 관련 있는 낱말을 써 보세요.

자료	도표	통계	➡	
주민	공익	시설	➡	
비용	수입	세우다	➡	

짧은 글짓기

주어진 낱말을 이용하여 [보기]와 같은 형식으로 짧은 글을 지어 보세요.

[보기]   언제 + 누가 + 무엇을 + 어떻게 했다

완공	
둘러보다	
논의하다	

낱말 쌈 싸 먹기

알쏭달쏭 헛갈리는 맞춤법, 띄어쓰기, 관용어, 한자어가 이제 한입에 쏙!
하루에 한 쪽씩 맛있게 냠냠 해치우자!

맞춤법 다음 문장에서 ( ) 안의 낱말 중 맞춤법이 맞는 낱말에 ○표 하세요.

철이는 (며칠, 몇일) 전에 방학 숙제를 다 끝냈다.

띄어쓰기 주어진 두 문장 중 하나에는 띄어쓰기가 틀린 부분이 있습니다. 둘 중 바르게 띄어쓰기를 한 문장을 찾아서 ○표 하세요.

㉮ **값비싼** 선물을 해야 할 필요는 없어요.

㉯ **값 비싼** 선물을 해야 할 필요는 없어요.

도움말 두 낱말이 합쳐져서 한 낱말이 된 경우에는 붙여 씁니다.

관용어 □ 안에 낱말을 넣어서 그림 속 상황과 어울리는 속담이나 격언 등을 만들어 보세요.

연극!

노래!

춤!

성대 모사!

이래서야 우리 반 장기자랑을 뭘로 할지 결정할 수 있겠어?

□□이 많으면
□가 산으로 간다

한자어 글의 의미에 맞게 □ 안에 들어갈 알맞은 한자어를 **보기** 에서 찾아 써 보세요.

산유국들은 □□ 자원을 기반으로 하여 세계적인 경제 □□ 을 이루었다.

보기 · 石油   · 化石   · 國民   · 强國

가로·세로 낱말 만들기

 주어진 글자를 연결하여 **02** 회에 공부한 낱말을 만들어 보세요.

					공			
					지			
			예					
			의					

공	의	지	산	완
문	예	둘	질	논

★ 도전 시간	**2분**
★ 만들 낱말 수	**4개**
★ 만든 낱말 수	**개**

낱말은 쏙쏙! 생각은 쑥쑥!

낱말 영역 |

걸린 시간 | 　분　　초

그림으로 낱말 찾기

지시선이 가리키는 그림을 보고 사물의 이름이나 행동, 상태 등에 해당하는 낱말을 **보기** 에서 찾아 ☐ 안에 쓰세요.

❸ 이름씨

❶ 움직씨

❷ 이름씨

❹ 이름씨

❺ 움직씨

보기 ·필기도구　·꼬투리　·소독　·트다　·재배하다　·양분　·꽃삽　·병충해　·개량

낱말 뜻 알기

☐ 안에는 어떤 낱말의 첫 글자가 쓰여 있습니다. 이 첫 글자를 참고하여 ☐에 알맞은 말을 넣어 낱말 풀이를 완성해 보세요.

❶ **양분** : 영☐☐이 되는 성☐.

❷ **재배하다** : 식☐을 심어 가☐☐☐.

❸ **개량** : 나☐ 점을 보☐하여 더 좋게 고☐.

❹ **꼬투리** : 콩과 식물의 열☐를 싸고 있는 껍☐.

❺ **소독** : 병의 감염이나 전염을 예☐하기 위하여 병원균을 죽이는 일.

 **낱말 친구 사총사**

다음 밑줄 친 낱말의 뜻이 다른 셋과 같지 <u>않은</u> 것은 어느 것인지 번호를 고르세요.

① 화분에 움이 **튼** 것을 보고, 어떤 식물일까 상상해 봤어.

② 봄이 되자 온갖 나무에 싹이 **텄어**.

③ 날씨가 너무 추워서 그런지 입술과 손등이 **텄어**.

④ 오늘은 드디어 개나리에 움이 **텄어**.

 **연상되는 낱말 찾기**

다음은 세 낱말을 보고 공통으로 연상되는 낱말을 찾는 문제입니다. 세 낱말과 관련 있는 낱말을 써 보세요.

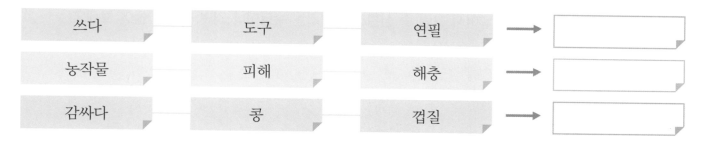

쓰다	도구	연필	→	
농작물	피해	해충	→	
감싸다	콩	껍질	→	

 **짧은 글짓기**

주어진 낱말을 이용하여 보기 와 같은 형식으로 짧은 글을 지어 보세요.

> **보기** 어디에서 + 누가 + 무엇을 + 어떻게 했다

개량	
소독	
양분	

낱말 쌈 싸 먹기

알쏭달쏭 헷갈리는 맞춤법, 띄어쓰기, 관용어, 한자어가 이제 한입에 쏙!
하루에 한 쪽씩 맛있게 냠냠 해치우자!

맞춤법
다음 문장에서 맞춤법이 <u>틀린</u> 낱말을 찾아 바르게 고쳐 써 보세요.

서현이는 글자를 띠엄띠엄 썼다.   (   ) → (   )

띄어쓰기
주어진 두 문장 중 하나에는 띄어쓰기가 틀린 부분이 있습니다. 둘 중 바르게 띄어쓰기를 한 문장을 찾아서 ○표 하세요.

㉮ **현 상태를** 유지하는 게 더 낫지 않아?
㉯ **현상태를** 유지하는 게 더 낫지 않아?

도움말 뒷말을 꾸며주는 낱말은 띄어 씁니다.

관용어
□ 안에 낱말을 넣어서 그림 속 상황과 어울리는 속담이나 격언 등을 만들어 보세요.

□□이 닳도록
드나들다

한자어
글의 의미에 맞게 □ 안에 들어갈 알맞은 사자성어를 보기 에서 찾아 써 보세요.

□□□□의 요새라던 평양성이 적에게 함락되었다는 소식이 들려 왔다.

보기 ・ 난공불락(難攻不落)　　・ 기고만장(氣高萬丈)　　・ 선견지명(先見之明)

가로·세로 낱말 만들기

04

 주어진 글자를 연결하여 **03** 회에 공부한 낱말을 만들어 보세요.

				분	투		
				개			

충	꼬	분	개	양
리	량	해	병	투

★ 도전 시간 | **2분**

★ 만들 낱말 수 | **4개**

★ 만든 낱말 수 | **개**

낱말은 쏙쏙! 생각은 쑥쑥!

그림으로 낱말 찾기

지시선이 가리키는 그림을 보고 사물의 이름이나 행동, 상태 등에 해당하는 낱말을 보기 에서 찾아 □ 안에 쓰세요.

❶ 이름씨

❷ 이름씨

❸ 움직씨

❹ 이름씨

❺ 이름씨

보기 · 삼각자　· 도형　· 각도기　· 본뜨다　· 재다　· 모눈종이　· 분류하다　· 컴퍼스

낱말 뜻 알기

□ 안에는 어떤 낱말의 첫 글자가 쓰여 있습니다. 이 첫 글자를 참고하여 □에 알맞은 말을 넣어 낱말 풀이를 완성해 보세요.

❶ **분류하다** : 종□□ 에 따라서 가□□□.

❷ **본뜨다** : 이미 있는 대상을 본으로 삼아 그□□ 좇아 만□□□.

❸ **모눈종이** : 일정한 간□ 으로 여러 개의 세□ 줄과 가□ 줄을 그린 종이.

❹ **각도기** : 각□ 를 재는 도구. 투명한 반원형의 플라스틱판에 각도를 눈□ 으로 표시하였음.

❺ **도형** : 점, 선, 면, 체 또는 그것들의 집□ 을 통틀어 이르는 말. 사□□ , 원, 구 따위를 이름.

낱말 친구 사총사

다음 밑줄 친 낱말의 뜻이 다른 셋과 같지 <u>않은</u> 것은 어느 것인지 번호를 고르세요.

❶ 그 아이는 공부를 잘한다고 친구들에게 늘 **재기만** 해서 인기가 없는 것 같아.

❷ 어제 저울에 올라가서 무게를 **쟀어.**

❸ 깊이를 먼저 **재어** 보고 물에 들어가는 게 좋겠어.

❹ 동생이 감기를 심하게 앓았는데 체온계로 열을 **쟀더니** 38도가 넘었어.

연상되는 낱말 찾기

다음은 세 낱말을 보고 공통으로 연상되는 낱말을 찾는 문제입니다. 세 낱말과 관련 있는 낱말을 써 보세요.

모양	삼각형	사각형	→	
다리	그리다	원	→	
삼각형	재다	길이	→	

짧은 글짓기

주어진 낱말을 이용하여 **보기** 와 같은 형식으로 짧은 글을 지어 보세요.

보기 누가 + 무엇을 + 어떻게 했다

본뜨다	
분류하다	
재다	

낱말 쌈 싸 먹기

알쏭달쏭 헛갈리는 맞춤법, 띄어쓰기, 관용어, 한자어가 이제 한입에 쏙! **하루에 한 쪽씩 맛있게 냠냠 해치우자!**

맞춤법 다음 문장에서 ( ) 안의 낱말 중 맞춤법이 맞는 낱말에 ○표 하세요.

> 아빠는 집수리를 하기 위해 목수와 (미쟁이, 미장이)를 불렀다.

띄어쓰기 주어진 두 문장 중 하나에는 띄어쓰기가 틀린 부분이 있습니다. 둘 중 바르게 띄어쓰기를 한 문장을 찾아서 ○표 하세요.

㉮ 수업 중에는 아무도 **들여 보내지** 마라.

㉯ 수업 중에는 아무도 **들여보내지** 마라.

도움말 '안이나 속으로 들어가게 하다.'라는 뜻을 가진 한 낱말입니다.

관용어 □ 안에 낱말을 넣어서 그림 속 상황과 어울리는 속담이나 격언 등을 만들어 보세요.

> 음, 더 끓여야 겠어요, 마늘도 좀더 넣고,

> 어쭈, 날마다 밥하는 걸 보더니, 제법이네.

□□ 개 삼 년에
□□ 읊는다

한자어 글의 의미에 맞게 □ 안에 들어갈 알맞은 한자어를 보기 에서 찾아 써 보세요.

어머니 신사임당의 영향을 받고 □□ 한 이이는 조선의 대표적인 □□ (이)가 되었다.

보기 · 家長 · 成長 · 學者 · 學校

가로·세로 낱말 만들기

 주어진 글자를 연결하여 **04** 회에 공부한 낱말을 만들어 보세요.

				분			
				재	가	스	

본	류	재	컴	스
퍼	다	분	가	뜨

★ 도전 시간	**2분**
★ 만들 낱말 수	**4개**
★ 만든 낱말 수	**개**

낱말은 쏙쏙! 생각은 쑥쑥!

 **그림으로 낱말 찾기**

지시선이 가리키는 그림을 보고 사물의 이름이나 행동, 상태 등에 해당하는 낱말을 **보기** 에서 찾아 □ 안에 쓰세요.

❶ 이름씨

❷ 움직씨

❸ 이름씨

❹ 이름씨

❺ 이름씨

보기　•악보　•동요　•관객　•오케스트라　•작사　•연주하다　•지휘　•화음

낱말 뜻 알기

□ 안에는 어떤 낱말의 첫 글자가 쓰여 있습니다. 이 첫 글자를 참고하여 □에 알맞은 말을 넣어 낱말 풀이를 완성해 보세요.

❶ **작사** : 노□□ 을 지음.

❷ **연주하다** : 악□ 를 다루어 곡을 표현하거나 들□□□ .

❸ **동요** : 어□□ 를 위하여 동심을 바탕으로 지은 노□ .

❹ **관객** : 운동 경기, 공□ , 영화 따위를 보거나 듣는 사□ .

❺ **화음** : 높□ 가 다른 둘 이상의 음이 함께 울릴 때 어울리는 소□ .

낱말 친구 사총사

다음 밑줄 친 낱말의 뜻이 다른 셋과 같지 <u>않은</u> 것은 어느 것인지 번호를 고르세요.

❶
그분은 어릴 때 **지휘** 공부를 하면서 음악을 시작하셨대.

❷
군인들은 모두 대장의 **지휘**에 따라 일사분란하게 움직였어.

❸
나는 어릴 때 금난새 님의 **지휘**를 보고 나서부터 지휘자가 되고 싶다는 꿈을 꿨어.

❹
모든 단원들이 한 사람의 **지휘**에 맞춰 저렇게 멋진 연주를 할 수 있다는 것이 참 신기해.

연상되는 낱말 찾기

다음은 세 낱말을 보고 공통으로 연상되는 낱말을 찾는 문제입니다. 세 낱말과 관련 있는 낱말을 써 보세요.

단체	연주하다	관현악	→	
음표	연주	오선지	→	
동심	퐁당퐁당	노래	→	

짧은 글짓기

주어진 낱말을 이용하여 **보기** 와 같은 형식으로 짧은 글을 지어 보세요.

보기   언제 + 누가 + 무엇을 + 어떻게 했다

화음	
작사	
연주하다	

낱말 쌈 싸 먹기

알쏭달쏭 헛갈리는 맞춤법, 띄어쓰기, 관용어, 한자어가 이제 한입에 쏙!

하루에 한 쪽씩 맛있게 냠냠 해치우자!

맞춤법 다음 문장에서 맞춤법이 <u>틀린</u> 낱말을 찾아 바르게 고쳐 써 보세요.

> 엄마는 푼돈을 모아 몫돈을 만드셨다.　　　　　(　　　　　) → (　　　　　)

띄어쓰기 주어진 두 문장 중 하나에는 띄어쓰기가 틀린 부분이 있습니다. 둘 중 바르게 띄어쓰기를 한 문장을 찾아서 ○표 하세요.

㉮ 넌 **오나가나** 말썽만 일으키는구나!　　　　㉯ 넌 **오나 가나** 말썽만 일으키는구나!

도움말 '어디를 가나 늘 다름없이' 라는 뜻을 가진 한 낱말입니다.

관용어 □ 안에 낱말을 넣어서 그림 속 상황과 어울리는 속담이나 격언 등을 만들어 보세요.

> 괜히 건드렸다가 더 많이 맞았다, 잉잉.
>
> 까불고 있어.

되로 주고 □로 받는다

한자어 글의 의미에 맞게 □ 안에 들어갈 알맞은 사자성어를 **보기** 에서 찾아 써 보세요.

저번 월드컵에서는 전통있는 축구 강국들이 □□□□ 처럼 예선에서 탈락했다.

보기　• 추풍낙엽(秋風落葉)　　•　일사천리(一瀉千里)　　• 금지옥엽(金枝玉葉)

가로·세로 낱말 만들기

 주어진 글자를 연결하여 **05** 회에 공부한 낱말을 만들어 보세요.

			음		지		
			악		관		

휘	객	사	지	음
작	보	화	악	관

★ 도전 시간	**1분**
★ 만들 낱말 수	**5개**
★ 만든 낱말 수	**개**

낱말은 쏙쏙! 생각은 쑥쑥!

낱말 영역 |

걸린 시간 | 　　분　　　초

그림으로 낱말 찾기

지시선이 가리키는 그림을 보고 사물의 이름이나 행동, 상태 등에 해당하는 낱말을 보기 에서 찾아 ☐ 안에 쓰세요.

❶ 이름씨

❷ 이름씨

❸ 이름씨

❹ 이름씨

❺ 이름씨

보기 ・극복 ・처마 ・둥지 ・조화 ・곳간 ・바지랑대 ・궁리하다 ・부리

낱말 뜻 알기

☐ 안에는 어떤 낱말의 첫 글자가 쓰여 있습니다. 이 첫 글자를 참고하여 ☐에 알맞은 말을 넣어 낱말 풀이를 완성해 보세요.

❶ **처마** : 벽의 바깥쪽으로 내민 지☐☐ 의 부분.

❷ **극복** : 악☐☐ 이나 고☐☐ 따위를 이겨 냄.

❸ **바지랑대** : 빨☐ 을 받치는 긴 막☐☐ .

❹ **궁리하다** : 마음속으로 이☐☐☐ 따져 깊이 생☐ 하다.

❺ **조화** : 어떻게 이루어진 것인지 알 수 없을 정도로 신☐ 하게 된 일. 또는 일을 꾸미는 재☐ .

 **낱말 친구 사총사**

다음 밑줄 친 낱말의 뜻이 다른 셋과 같지 <u>않은</u> 것은 어느 것인지 번호를 고르세요.

❶
갑자기 돈이 사라지다니, 이게 웬 **조화**인지 모르겠어.

❷
그 연극은 배우들의 **조화**가 참 멋진 것 같아.

❸
전우치는 신통한 **조화**를 부려서 양반을 골탕먹였어.

❹
홍길동이 **조화**를 부리자, 사람들이 모두 무서워서 벌벌 떨었어.

 **연상되는 낱말 찾기**

다음은 세 낱말을 보고 공통으로 연상되는 낱말을 찾는 문제입니다. 세 낱말과 관련 있는 낱말을 써 보세요.

처마	지푸라기	보금자리	→	
딱따구리	날짐승	입	→	
곡식	재물	창고	→	

 **짧은 글짓기**

주어진 낱말을 이용하여 (보기)와 같은 형식으로 짧은 글을 지어 보세요.

(보기) 누가 + 왜 + 무엇을 + 어떻게 했다

궁리하다	
극복	
둥지	

낱말 쌈 싸 먹기

알쏭달쏭 헛갈리는 맞춤법, 띄어쓰기, 관용어,
한자어가 이제 한입에 쏙!
하루에 한 쪽씩 맛있게 냠냠 해치우자!

맞춤법 다음 문장에서 ( ) 안의 낱말 중 맞춤법이 맞는 낱말에 ○표 하세요.

선생님은 몹시 화가 나신 듯 얼굴이 (붉으락푸르락, 불그락푸르락) 달아올랐다.

띄어쓰기 주어진 두 문장 중 하나에는 띄어쓰기가 틀린 부분이 있습니다. 둘 중 바르게 띄어쓰기를 한 문장을 찾아서 ○표 하세요.

㉮ 소년은 멋진 말 **한 필을** 끌고 나왔습니다.

㉯ 소년은 멋진 말 **한필을** 끌고 나왔습니다.

도움말 '필'은 수량을 세는 단위입니다.

관용어 □ 안에 낱말을 넣어서 그림 속 상황과 어울리는 속담이나 격언 등을 만들어 보세요.

□□ 속의 화초

한자어 글의 의미에 맞게 □ 안에 들어갈 알맞은 한자어를 **보기** 에서 찾아 써 보세요.

우리는 □□의 □□들에게 깨끗한 자연환경을 물려줄 의무와 책임이 있다.

보기 ・後代 ・先代 ・子孫 ・父子

가로·세로 낱말 만들기

주어진 글자를 연결하여 **06** 회에 공부한 낱말을 만들어 보세요.

			마	부			
				대			
			간				

대	마	곳	부	랑
간	지	리	바	처

★ 도전 시간 | **1분**

★ 만들 낱말 수 | **4개**

★ 만든 낱말 수 | **개**

낱말은 쏙쏙! 생각은 쑥쑥!

 **그림으로 낱말 찾기**

지시선이 가리키는 그림을 보고 사물의 이름이나 행동, 상태 등에 해당하는 낱말을 보기 에서 찾아 □ 안에 쓰세요.

③ 움직씨

④ 이름씨

❶ 움직씨

❷ 이름씨

⑤ 움직씨

주민들의 의견을 들어보는 것이 어떨까요?

주차

보기 　• 설계하다　• 도모하다　• 제안하다　• 자재　• 자연재해　• 허물다　• 주차장　• 교류

 **낱말 뜻 알기**

□ 안에는 어떤 낱말의 첫 글자가 쓰여 있습니다. 이 첫 글자를 참고하여 □에 알맞은 말을 넣어 낱말 풀이를 완성해 보세요.

❶ **교류** : 문화나 | 사 | 　| 따위가 서로 통함.

❷ **자재** : 무엇을 | 만 | 　| 위한 기본적인 | 재 | 　|.

❸ **제안하다** : 할 일을 | 의 | 　| 하기 위해 계획이나 | 의 | 　| 을 말하다.

❹ **도모하다** : 어떤 일을 이루기 위하여 | 대 | 　| 과 | 방 | 　| 을 세우다.

❺ **자연재해** : 태풍, 가뭄, | 홍 | 　|, | 지 | 　|, 화산 폭발, 해일 따위의 피할 수 없는 자연 현상으로 인하여 일어나는 | 재 | 　|.

 **낱말 친구 사총사**

다음 밑줄 친 낱말 중 다른 셋과 거리가 <u>먼</u> 낱말을 말하는 친구를 고르세요.

❶  아이슬란드에서 **화산 폭발**이 일어나는 바람에 비행기가 제대로 못 떴어.

❷  태국에서 엄청난 **해일**이 발생했대.

❸  지난번에 분 **태풍** 때문에 우리 집 문이 부서졌어.

❹  어제 일어난 **교통사고** 때문에 고속도로가 엄청나게 막혔어.

 **연상되는 낱말 찾기**

다음은 세 낱말을 보고 공통으로 연상되는 낱말을 찾는 문제입니다. 세 낱말과 관련 있는 낱말을 써 보세요.

피해	지진	쓰나미	→	
차	지하	요금	→	
계획	건축	도면	→	

 **짧은 글짓기**

주어진 낱말을 이용하여 [보기]와 같은 형식으로 짧은 글을 지어 보세요.

[보기] 언제 + 어디에서 + 왜 + 무엇이 + 어떻게 되다

허물다	
교류	
도모하다	

낱말 쌈 싸 먹기

알쏭달쏭 헛갈리는 맞춤법, 띄어쓰기, 관용어, 한자어가 이제 한입에 쏙!
하루에 한 쪽씩 맛있게 냠냠 해치우자!

맞춤법 다음 문장에서 맞춤법이 틀린 낱말을 찾아 바르게 고쳐 써 보세요.

유진이는 학교에 늦을까 봐 불이나게 뛰어갔다.　　　　(　　　　　　　) → (　　　　　　　)

띄어쓰기 주어진 두 문장 중 하나에는 띄어쓰기가 틀린 부분이 있습니다. 둘 중 바르게 띄어쓰기를 한 문장을 찾아서 ○표 하세요.

㉮ 나와 동생은 **밤 새도록** 아빠를 기다렸다.　　　　㉯ 나와 동생은 **밤새도록** 아빠를 기다렸다.

도움말 '밤이 지나 날이 밝아 오다.' 라는 뜻을 가진 한 낱말입니다.

관용어 □ 안에 낱말을 넣어서 그림 속 상황과 어울리는 속담이나 격언 등을 만들어 보세요.

> 마당에서 쥐를 보고 놀라시더니……
>
> 헤! 쥐, 쥐다!

□□ 보고 놀란 가슴
□□□ 보고 놀란다

한자어 글의 의미에 맞게 □ 안에 들어갈 알맞은 사자성어를 **보기** 에서 찾아 써 보세요.

□□□□이라더니, 내가 액자 옆을 지나갈 때 마침 바람이 불어서 액자가 떨어졌다.

보기　· 오리무중(五里霧中)　　· 오비이락(烏飛梨落)　　· 일석이조(一石二鳥)

가로·세로 낱말 만들기

08

 주어진 글자를 연결하여 **07** 회에 공부한 낱말을 만들어 보세요.

				물			
				류			
		계	도				

모	류	설	제	물
계	다	허	교	도

★ 도전 시간	**1분**
★ 만들 낱말 수	**4개**
★ 만든 낱말 수	**개**

낱말은 쏙쏙! 생각은 쑥쑥!

그림으로 낱말 찾기

지시선이 가리키는 그림을 보고 사물의 이름이나 행동, 상태 등에 해당하는 낱말을 보기 에서 찾아 ☐ 안에 쓰세요.

❶ 움직씨

❷ 움직씨

❸ 그림씨

❹ 이름씨

❺ 그림씨

보기 • 멋쩍다   • 훈훈하다   • 나무라다   • 운   • 언짢다   • 비치다   • 피곤하다   • 노약자

낱말 뜻 알기

☐ 안에는 어떤 낱말의 첫 글자가 쓰여 있습니다. 이 첫 글자를 참고하여 ☐에 알맞은 말을 넣어 낱말 풀이를 완성해 보세요.

❶ **멋쩍다** : 어[ ]하고 쑥스럽다.

❷ **피곤하다** : 몸이나 마음이 지치어 고[ ][ ][ ].

❸ **언짢다** : 마[ ]에 들지 않거나 좋지 않다.

❹ **훈훈하다** : 마[ ]을 부드럽게 녹여 주는 따[ ][ ]이 있다.

❺ **운** : 한 사[ ]에게 정해진 운[ ]이 좋든가 나쁘든가 한 것.

낱말 친구 사총사

다음 밑줄 친 낱말의 뜻이 다른 셋과 같지 <u>않은</u> 것은 어느 것인지 번호를 고르세요.

❶ 공기가 **훈훈해진** 걸 보니, 이제 봄이 온 것 같아.

❷ 나는 우리 아빠의 **훈훈한** 미소가 참 좋아.

❸ 할머니께서는 우리 선생님을 보고 젊은 사람이 **훈훈한** 정이 있다면서 좋아하셨어.

❹ 그 사람의 **훈훈한** 말 한마디가 우리 모두를 감격시켰어.

연상되는 낱말 찾기

다음은 세 낱말을 보고 공통으로 연상되는 낱말을 찾는 문제입니다. 세 낱말과 관련 있는 낱말을 써 보세요.

노인	장애인	보호석	→	
운명	하늘	때	→	
모습	창문	거울	→	

짧은 글짓기

주어진 낱말을 이용하여 보기 와 같은 형식으로 짧은 글을 지어 보세요.

보기   언제 + 누가 + 왜 + 무엇을 + 어떻게 했다

피곤하다	
나무라다	
비치다	

낱말 쌈 싸 먹기

알쏭달쏭 헷갈리는 맞춤법, 띄어쓰기, 관용어, 한자어가 이제 한입에 쏙!
하루에 한 쪽씩 맛있게 냠냠 해치우자!

맞춤법 다음 문장에서 ( ) 안의 낱말 중 맞춤법이 맞는 낱말에 ○표 하세요.

> 소희는 에스컬레이터를 타고 (아랫층, 아래층)으로 내려갔다.

띄어쓰기 주어진 두 문장 중 하나에는 띄어쓰기가 틀린 부분이 있습니다. 둘 중 바르게 띄어쓰기를 한 문장을 찾아서 ○표 하세요.

㉮ 모임마다 **얌체 족들이** 있기 마련이지.

㉯ 모임마다 **얌체족들이** 있기 마련이지.

도움말 앞말에 뜻을 더해 주는 낱말은 앞말에 붙여 씁니다.

관용어 ☐ 안에 낱말을 넣어서 그림 속 상황과 어울리는 속담이나 격언 등을 만들어 보세요.

이번에는 검도 배울래요!

태권도, 축구, 합기도도 한 달씩만 배우고 그만뒀잖아, 한 가지라도 끝까지 해봐라.

☐☐을 파도
한 ☐☐을 파라

한자어 글의 의미에 맞게 ☐ 안에 들어갈 알맞은 한자어를 **보기** 에서 찾아 써 보세요.

영어나 ☐☐(으)로 된 단어나 어려운 전문 ☐☐들을 쉬운 우리말로 바꾸어 쓰자.

보기 · 漢江 · 漢字 · 國語 · 用語

가로·세로 낱말 만들기

주어진 글자를 연결하여 **08** 회에 공부한 낱말을 만들어 보세요.

			피				
			자				
			비				

다	치	약	짧	곤
자	언	피	비	노

★ 도전 시간 | **1분**

★ 만들 낱말 수 | **4개**

★ 만든 낱말 수 | **개**

낱말은 쏙쏙! 생각은 쑥쑥!

그림으로 낱말 찾기

지시선이 가리키는 그림을 보고 사물의 이름이나 행동, 상태 등에 해당하는 낱말을 **보기** 에서 찾아 ☐ 안에 쓰세요.

❶ 이름씨

❷ 이름씨

❸ 움직씨

❹ 이름씨

❺ 이름씨

보기 • 화선지 • 병풍 • 배열하다 • 구상하다 • 농담 • 양감 • 수묵화 • 조절하다 • 먹물

낱말 뜻 알기

☐ 안에는 어떤 낱말의 첫 글자가 쓰여 있습니다. 이 첫 글자를 참고하여 ☐에 알맞은 말을 넣어 낱말 풀이를 완성해 보세요.

❶ **양감** : 사물의 ☐무☐ 나 부피에 대한 ☐느☐ .

❷ **배열하다** : 일정한 ☐차☐ 나 ☐간☐ 에 따라 벌여 놓다.

❸ **농담** : ☐색☐ 이나 ☐명☐ 따위의 짙음과 옅음. 또는 그런 정도.

❹ **조절하다** : ☐균☐ 이 맞게 ☐바☐☐☐ . 또는 적당하게 ☐맞☐☐ 나가다.

❺ **구상하다** : 예술 작품을 ☐창☐ 할 때, 작품의 골자가 될 내용이나 ☐표☐ 형식 따위에 대하여 ☐생☐ 을 정리하다.

낱말 친구 사총사 다음 밑줄 친 낱말의 뜻이 다른 셋과 같지 <u>않은</u> 것은 어느 것인지 번호를 고르세요.

❶  이 수묵화는 정말 **농담** 표현이 잘 되어 있는 것 같아.

❷  붓으로 물의 양을 잘 조절해야 **농담** 표현을 제대로 할 수 있어.

❸  먹물의 **농담**만으로 이렇게 멋진 풍경을 그리다니, 대단하다는 생각이 들어.

❹  그 사람은 실없는 **농담**을 너무 많이 해서 믿음이 안 가.

연상되는 낱말 찾기 다음은 세 낱말을 보고 공통으로 연상되는 낱말을 찾는 문제입니다. 세 낱말과 관련 있는 낱말을 써 보세요.

화선지	동양화	먹그림	→	
치다	장식	열두 폭	→	
부피	느낌	볼륨	→	

짧은 글짓기 주어진 낱말을 이용하여 **보기** 와 같은 형식으로 짧은 글을 지어 보세요.

보기   누가 + 무엇을 + 어떻게 했다

먹물	
배열하다	
조절하다	

낱말 쌈 싸 먹기

알쏭달쏭 헷갈리는 맞춤법, 띄어쓰기, 관용어, 한자어가 이제 한입에 쏙! **하루에 한 쪽씩 맛있게 냠냠 해치우자!**

맞춤법 다음 문장에서 맞춤법이 <u>틀린</u> 낱말을 찾아 바르게 고쳐 써 보세요.

삼촌은 빚장이를 살살 피해 다녔다.　　　　(　　　　) → (　　　　)

띄어쓰기 주어진 두 문장 중 하나에는 띄어쓰기가 틀린 부분이 있습니다. 둘 중 바르게 띄어쓰기를 한 문장을 찾아서 ○표 하세요.

㉮ **꿇어 앉지** 말고 편하게 앉아 있어.

㉯ **꿇어앉지** 말고 편하게 앉아 있어.

도움말 '무릎을 구부려 바닥에 대고 앉다.' 라는 뜻을 가진 한 낱말입니다.

관용어 □ 안에 낱말을 넣어서 그림 속 상황과 어울리는 속담이나 격언 등을 만들어 보세요.

> 쳐다보고만
> 있을 거야

□ 건너 □ 구경

한자어 글의 의미에 맞게 □ 안에 들어갈 알맞은 사자성어를 보기 에서 찾아 써 보세요.

엄마는 동생에게 심부름을 시킨 지가 언제인데 아직도 □□□□ 라며 한숨을 쉬셨다.

보기　· 풍전등화(風前燈火)　· 용두사미(龍頭蛇尾)　· 함흥차사(咸興差使)

가로·세로 낱말 만들기

10

 주어진 글자를 연결하여 **09** 회에 공부한 낱말을 만들어 보세요.

				절	감		
			선				
			배				

절	열	감	지	묵
양	선	조	배	화

★ 도전 시간 | **1분**

★ 만들 낱말 수 | **4개**

★ 만든 낱말 수 | **개**

낱말은 쏙쏙! 생각은 쑥쑥!

낱말 영역 |

걸린 시간 | 분 초

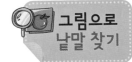

그림으로 낱말 찾기

지시선이 가리키는 그림을 보고 사물의 이름이나 행동, 상태 등에 해당하는 낱말을 보기 에서 찾아 ☐ 안에 쓰세요.

❶ 이름씨
[ ]

❷ 움직씨
[ ]

❸ 이름씨
[ ]

❹ 움직씨
[ ]
[ ]

❺ 움직씨
[ ]

보기 • 번지다 • 판결 • 울상 • 깍듯하다 • 자율 • 침해 • 수군거리다 • 아첨하다

낱말 뜻 알기

☐ 안에는 어떤 낱말의 첫 글자가 쓰여 있습니다. 이 첫 글자를 참고하여 ☐에 알맞은 말을 넣어 낱말 풀이를 완성해 보세요.

❶ **침해** : 침[ ]하여 해를 끼침.

❷ **번지다** : 어떤 기[ ]이 차츰 넓은 범[ ]로 옮아가다.

❸ **깍듯하다** : 예[ ][ ]을 갖추는 태도가 분[ ]하다.

❹ **수군거리다** : 남이 알아듣지 못하도록 낮은 목[ ]로 자꾸 가만가만 이[ ]하다.

❺ **자율** : 남의 지[ ]나 구속을 받지 아니하고 자기 스[ ][ ]의 원칙에 따라 어떤 일을 하는 일.

낱말 친구 사총사

다음 밑줄 친 낱말의 뜻이 다른 셋과 같지 <u>않은</u> 것은 어느 것인지 번호를 고르세요.

❶ 불이 건물 전체로 **번져서** 무척 위험해졌어.

❷ 그 사람은 온몸으로 병이 **번지기** 전에 마지막으로 하고 싶은 일이 있다고 했어.

❸ 약기운이 **번지자** 참을 수 없이 졸음이 쏟아졌어.

❹ 그 음식을 보는 것만으로 비위가 **번질** 지경이었어.

연상되는 낱말 찾기

다음은 세 낱말을 보고 공통으로 연상되는 낱말을 찾는 문제입니다. 세 낱말과 관련 있는 낱말을 써 보세요.

내리다	벌	재판관	➡	
비위	아부	알랑거리다	➡	
스스로	맡기다	~학습	➡	

짧은 글짓기

주어진 낱말을 이용하여 **보기** 와 같은 형식으로 짧은 글을 지어 보세요.

보기 　누가 + 누구에게 + 무엇을 + 어떻게 했다

침해	
울상	
아첨하다	

낱말 쌈 싸 먹기

알쏭달쏭 헛갈리는 맞춤법, 띄어쓰기, 관용어, 한자어가 이제 한입에 쏙!
하루에 한 쪽씩 맛있게 냠냠 해치우자!

맞춤법 다음 문장에서 ( ) 안의 낱말 중 맞춤법이 맞는 낱말에 ○표 하세요.

형은 거짓말이 들통 날까 봐 (안절부절하였다, 안절부절못하였다).

띄어쓰기 주어진 두 문장 중 하나에는 띄어쓰기가 틀린 부분이 있습니다. 둘 중 바르게 띄어쓰기를 한 문장을 찾아서 ○표 하세요.

㉮ **왈가닥 달가닥** 그릇 치우는 소리가 났다.

㉯ **왈가닥달가닥** 그릇 치우는 소리가 났다.

도움말 소리나 모양을 나타내는 낱말은 붙여 씁니다.

관용어 ☐ 안에 낱말을 넣어서 그림 속 상황과 어울리는 관용구나 속담을 만들어 보세요.

넌 빠져.

개밥에 ☐☐☐

한자어 글의 의미에 맞게 ☐ 안에 들어갈 알맞은 한자어를 보기 에서 찾아 써 보세요.

내가 너를 ☐☐ 좋아하는 ☐☐ (은)는, 네가 늘 남을 배려하기 때문이다.

보기 ·第一 ·唯一 ·理由 ·由來

가로·세로 낱말 만들기

11

 주어진 글자를 연결하여 **10** 회에 공부한 낱말을 만들어 보세요.

| | | | 상 | 아 | | 지 | 침 |

울	지	침	번	해
첨	듯	다	상	아

★ 도전 시간	**1분**
★ 만들 낱말 수	**4개**
★ 만든 낱말 수	**개**

낱말은 쏙쏙! 생각은 쑥쑥!

낱말 영역 |

걸린 시간 |　　분　　초

그림으로 낱말 찾기

지시선이 가리키는 그림을 보고 사물의 이름이나 행동, 상태 등에 해당하는 낱말을 **보기** 에서 찾아 □ 안에 쓰세요.

❶ 이름씨

❷ 이름씨

❸ 이름씨

❹ 이름씨

❺ 이름씨

> **보기**　• 기포　• 알코올램프　• 갈증　• 스포이트　• 응결하다　• 증발하다　• 저장하다　• 비커　• 삼발이

낱말 뜻 알기

□ 안에는 어떤 낱말의 첫 글자가 쓰여 있습니다. 이 첫 글자를 참고하여 □에 알맞은 말을 넣어 낱말 풀이를 완성해 보세요.

❶ **응결하다** : 한데 엉기어 │뭉│　│　│.

❷ **갈증** : 목이 말라 물을 │마│　│　│ 싶은 느낌.

❸ **저장하다** : │물│　│이나 재화 따위를 모아서 │간│　│하다.

❹ **기포** : 액체나 │고│　│ 속에 │기│　│가 들어가 │거│　│처럼 둥그렇게 부풀어 있는 것.

❺ **스포이트** : 잉크, 액즙, 물약 따위의 액체를 옮겨 넣을 때 쓰는, 위쪽에 │고│　│주머니가 달린 │유│　│ │　│　│.

낱말 친구 사총사

다음 밑줄 친 낱말의 뜻이 다른 셋과 같지 <u>않은</u> 것은 어느 것인지 번호를 고르세요.

❶ 인기 가수가 갑자기 **증발했는데**, 놀라는 건 당연하지.

❷ 물을 오래 끓였더니, 많이 **증발해서** 얼마 안 남았어.

❸ 땀이 **증발할** 때 체온을 많이 떨어뜨린대.

❹ 국을 그렇게 오래 끓이면 수분이 **증발해서** 너무 짜게 되지 않을까?

연상되는 낱말 찾기

다음은 세 낱말을 보고 공통으로 연상되는 낱말을 찾는 문제입니다. 세 낱말과 관련 있는 낱말을 써 보세요.

끓이다	세 개	받침대	⟶	
물	타다	목마름	⟶	
가열하다	심지	실험도구	⟶	

짧은 글짓기

주어진 낱말을 이용하여 **보기** 와 같은 형식으로 짧은 글을 지어 보세요.

보기 언제 + 무엇이 + 어떻게 되었다

응결하다	
저장하다	
기포	

낱말 쌈 싸 먹기

알쏭달쏭 헷갈리는 맞춤법, 띄어쓰기, 관용어, 한자어가 이제 한입에 쏙!
하루에 한 쪽씩 맛있게 냠냠 해치우자!

맞춤법 다음 문장에서 맞춤법이 틀린 낱말을 찾아 바르게 고쳐 써 보세요.

이것은 연필이 아니요.　　　　　(　　　　　) → (　　　　　)

띄어쓰기 주어진 두 문장 중 하나에는 띄어쓰기가 틀린 부분이 있습니다. 둘 중 바르게 띄어쓰기를 한 문장을 찾아서 ○표 하세요.

㉮ 이모가 오징어를 **다섯 축**이나 보내셨다.　　　㉯ 이모가 오징어를 **다섯축**이나 보내셨다.

도움말 '축'은 수량을 세는 단위입니다.

관용어 □ 안에 낱말을 넣어서 그림 속 상황과 어울리는 관용구나 속담을 만들어 보세요.

쟤네 샛별초등학교 애들이지?

우헤헤, 재밌다!

□□□□ 한 마리가 온 □□□를 흐려 놓는다

한자어 글의 의미에 맞게 □ 안에 들어갈 알맞은 사자성어를 **보기** 에서 찾아 써 보세요.

범행의 유일한 목격자가 사라지면서 사건은 아직도 □□□□ 상태이다.

보기 · 이열치열(以熱治熱)　　· 일장춘몽(一場春夢)　　· 오리무중(五里霧中)

12

공부를 시작하기 전에 가볍게 머리를 풀어 보아요!

가로·세로 낱말 만들기

주어진 글자를 연결하여 **11** 회에 공부한 낱말을 만들어 보세요.

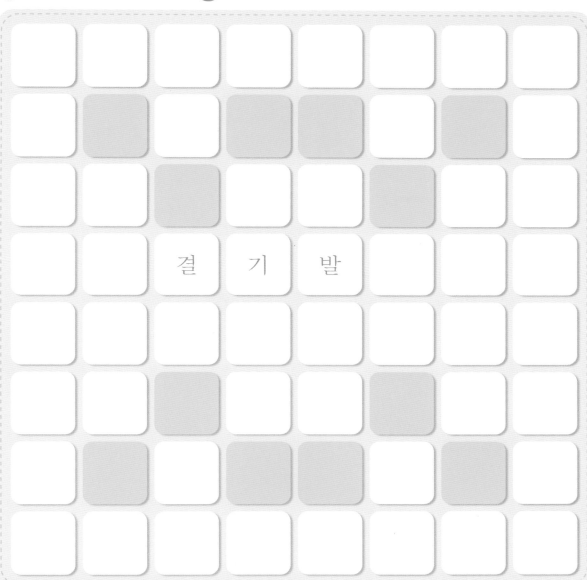

| | | | 결 | 기 | 발 | | |

포	삼	응	키	발
이	트	스	기	결

★ 도전 시간	**1분**
★ 만들 낱말 수	**4개**
★ 만든 낱말 수	개

낱말은 쏙쏙! 생각은 쑥쑥!

낱말 영역 |

걸린 시간 | ___ 분 ___ 초

 **그림으로 낱말 찾기**

지시선이 가리키는 그림을 보고 사물의 이름이나 행동, 상태 등에 해당하는 낱말을 **보기** 에서 찾아 ☐ 안에 쓰세요.

❶ 움직씨

❷ 이름씨

❸ 이름씨

❹ 이름씨

❺ 이름씨

보기 • 양보하다 • 중계하다 • 생략하다 • 기록 • 뉘우치다 • 마라톤 • 반환점 • 역전

 **낱말 뜻 알기**

☐ 안에는 어떤 낱말의 첫 글자가 쓰여 있습니다. 이 첫 글자를 참고하여 ☐에 알맞은 말을 넣어 낱말 풀이를 완성해 보세요.

❶ **생략하다** : 전체에서 [일]☐ 를 줄이거나 빼다.

❷ **뉘우치다** : 스스로 제 [잘]☐ 을 깨닫고 마음속으로 [가]☐ 느끼다.

❸ **양보하다** : 길이나 [자]☐, 물건 따위를 [사]☐ 하여 남에게 미루어 주다.

❹ **반환점** : 경보나 [마]☐☐ 경기에서 [선]☐ 들이 돌아오는 점을 표시한 표지.

❺ **중계하다** : 극장, [경]☐☐, 국회, 사건 현장 등 방송국 밖에서의 실황을 중간에서 [연]☐ 하여 방송하다.

낱말 친구 사총사

다음 밑줄 친 낱말의 뜻이 다른 셋과 같지 <u>않은</u> 것은 어느 것인지 번호를 고르세요.

❶  김연아 선수가 세계 **기록**을 세우는 순간, 나도 가슴이 뭉클했어.

❷ 나는 영화를 보다가 왜 형사가 사건 **기록**을 보지 않는지 궁금했어.

❸ 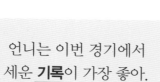 언니는 이번 경기에서 세운 **기록**이 가장 좋아.

❹ 우리 팀이 세운 **기록**은 앞으로 10년 동안은 절대로 깨지지 않을 거야.

연상되는 낱말 찾기

다음은 세 낱말을 보고 공통으로 연상되는 낱말을 찾는 문제입니다. 세 낱말과 관련 있는 낱말을 써 보세요.

올림픽	42.195	손기정	→	
뒤집다	우승	~의 명수	→	
방송실황	캐스터	실시간	→	

짧은 글짓기

주어진 낱말을 이용하여 **보기** 와 같은 형식으로 짧은 글을 지어 보세요.

보기   누가 + 누구에게 + 무엇을 + 어떻게 하다

양보하다	
생략하다	
뉘우치다	

낱말 쌈 싸 먹기

알쏭달쏭 헛갈리는 맞춤법, 띄어쓰기, 관용어, 한자어가 이제 한입에 쏙! **하루에 한 쪽씩 맛있게 냠냠 해치우자!**

맞춤법 다음 문장에서 ( ) 안의 낱말 중 맞춤법이 맞는 낱말에 ○표 하세요.

함부로 남을 (없신여기면, 업신여기면) 안 된다.

띄어쓰기 주어진 두 문장 중 하나에는 띄어쓰기가 틀린 부분이 있습니다. 둘 중 바르게 띄어쓰기를 한 문장을 찾아서 ○표 하세요.

㉮ **남몰래** 좋은 일을 하는 사람도 많아요.

㉯ **남 몰래** 좋은 일을 하는 사람도 많아요.

도움말 '어떤 행위를 남이 모르게 하는 모양'을 뜻하는 한 낱말입니다.

관용어 ☐ 안에 낱말을 넣어서 그림 속 상황과 어울리는 속담이나 격언 등을 만들어 보세요.

와, 저도 해 볼래요!

으, 무섭지도 않냐?

☐ 이 크다

한자어 글의 의미에 맞게 ☐ 안에 들어갈 알맞은 한자어를 **보기** 에서 찾아 써 보세요.

이번에 나온 창작 ☐☐ (을)를 읽고, 작품의 ☐☐ 에 대해 자신의 생각을 발표했다.

보기 · 兒童 · 童話 · 主人 · 主題

가로·세로 낱말 만들기

주어진 글자를 연결하여 **12** 회에 공부한 낱말을 만들어 보세요.

		생	기				
			마				
			중				

계	략	톤	마	록
라	기	중	뉘	생

★ 도전 시간 | **1분**

★ 만들 낱말 수 | **4개**

★ 만든 낱말 수 | 개

낱말은 쏙쏙! 생각은 쑥쑥!

낱말 영역 |

걸린 시간 | 분   초

그림으로 낱말 찾기

지시선이 가리키는 그림을 보고 사물의 이름이나 행동, 상태 등에 해당하는 낱말을 **보기** 에서 찾아 □ 안에 쓰세요.

❶ 이름씨

❷ 움직씨

❸ 이름씨

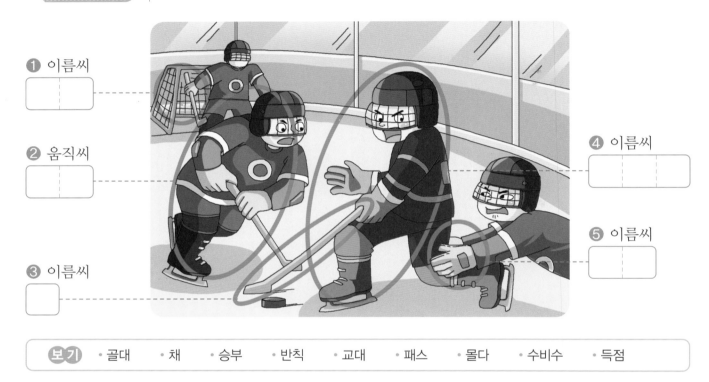

❹ 이름씨

❺ 이름씨

보기 •골대   •채   •승부   •반칙   •교대   •패스   •몰다   •수비수   •득점

낱말 뜻 알기

□ 안에는 어떤 낱말의 첫 글자가 쓰여 있습니다. 이 첫 글자를 참고하여 □에 알맞은 말을 넣어 낱말 풀이를 완성해 보세요.

❶ **승부** : 이☐☐ 과 짐.

❷ **채** : 팽☐☐, 공 따위의 대상을 치는 데에 쓰는 기☐.

❸ **교대** : 어떤 일을 여☐ 이 나누어서 차☐ 에 따라 맡아 함.

❹ **패스** : 구☐ 종목에서 같은 편끼리 서로 공을 주☐☐ 받음.

❺ **득점** : 시험이나 경☐ 따위에서 점☐ 를 얻음.

 **낱말 친구 사총사**

다음 밑줄 친 낱말의 의미가 다른 셋과 같지 <u>않은</u> 것은 어느 것인지 번호를 고르세요.

❶
그 선수가 순식간에 공을 **몰아** 골대 앞으로 갔어.

❷
양치기가 양을 **몰고** 산으로 가는 걸 봤어.

❸
피리부는 사나이가 쥐를 **몰고** 어디로 갔니?

❹
괜한 사람을 도둑으로 **몰아서** 오해를 받게 했어.

 **연상되는 낱말 찾기**

다음은 세 낱말을 보고 공통으로 연상되는 낱말을 찾는 문제입니다. 세 낱말과 관련 있는 낱말을 써 보세요.

경기	비겁하다	레드카드	→	
승패	무~	~차기	→	
전하다	같은 편	공	→	

 **짧은 글짓기**

주어진 낱말을 이용하여 **보기** 와 같은 형식으로 짧은 글을 지어 보세요.

보기   누가 + 무엇을 + 어떻게 했다

교대	
득점	
수비수	

낱말 쌈 싸 먹기

알쏭달쏭 헷갈리는 맞춤법, 띄어쓰기, 관용어, 한자어가 이제 한입에 쏙!
하루에 한 쪽씩 맛있게 냠냠 해치우자!

맞춤법 다음 문장에서 맞춤법이 **틀린** 낱말을 찾아 바르게 고쳐 써 보세요.

밀린 방학 숙제를 끝내는 데 여드래가 걸렸다. (   ) → (   )

띄어쓰기 주어진 두 문장 중 하나에는 띄어쓰기가 틀린 부분이 있습니다. 둘 중 바르게 띄어쓰기를 한 문장을 찾아서 ○표 하세요.

㉮ 앞으로 어쩌려고 **요만일**에 우니?

㉯ 앞으로 어쩌려고 **요만 일**에 우니?

도움말 '요만'은 뒷말을 꾸며주는 낱말입니다.

관용어 □ 안에 낱말을 넣어서 그림 속 상황과 어울리는 관용구나 속담을 만들어 보세요.

으악, 내 다리!

쯧쯧, 하연이는 유치원 때부터 발레를 했잖아.

뱁새가 □□를 따라가면 □□가 찢어진다

한자어 글의 의미에 맞게 □ 안에 들어갈 알맞은 사자성어를 **보기**에서 찾아 써 보세요.

감독은 □□□□의 자세로 그 선수를 몇 번이고 찾아간 끝에 결국 영입하는 데 성공했다.

보기 · 삼고초려(三顧草廬) · 속수무책(束手無策) · 두문불출(杜門不出)

 주어진 글자를 연결하여 13 회에 공부한 낱말을 만들어 보세요.

				승			
		골		패			
		반					

스	부	교	칙	패
반	대	득	승	골

★ 도전 시간	1분
★ 만들 낱말 수	5개
★ 만든 낱말 수	개

낱말은 쏙쏙! 생각은 쑥쑥!

그림으로 낱말 찾기

지시선이 가리키는 그림을 보고 사물의 이름이나 행동, 상태 등에 해당하는 낱말을 보기 에서 찾아 ☐ 안에 쓰세요.

❶ 그림씨

❷ 움직씨

❸ 이름씨

❹ 이름씨

❺ 움직씨

보기 · 쓰다듬다　· 훼손되다　· 분개하다　· 흐드러지다　· 목격하다　· 왕릉　· 발굴　· 관측하다

낱말 뜻 알기

☐ 안에는 어떤 낱말의 첫 글자가 쓰여 있습니다. 이 첫 글자를 참고하여 ☐에 알맞은 말을 넣어 낱말 풀이를 완성해 보세요.

❶ **왕릉** : 임☐☐의 무☐.

❷ **분개하다** : 몹시 분하게 여☐☐.

❸ **쓰다듬다** : 손으로 살살 쓸어 어☐☐☐☐.

❹ **흐드러지다** : 매우 탐☐☐☐거나 한창 성하다.

❺ **관측하다** : 육안이나 기☐로 자연 현상을 관☐하여 측☐하다.

다음 밑줄 친 낱말의 뜻이 다른 셋과 같지 <u>않은</u> 것은 어느 것인지 번호를 <u>고르세요</u>.

❶ 지하자원을 **발굴**하는 것도 중요하지만, 새로운 자원을 개발하는 것도 중요한 일이야.

❷ 천마총은 1973년에 **발굴**된 신라 지증왕의 무덤이야.

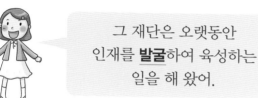

❸ 그 재단은 오랫동안 인재를 **발굴**하여 육성하는 일을 해 왔어.

❹ 우리 아빠는 고고학자이신데, 몇 년 전에 백제의 유적을 **발굴**하셨어.

 연상되는 낱말 찾기

다음은 세 낱말을 보고 공통으로 연상되는 낱말을 찾는 문제입니다. 세 낱말과 관련 있는 낱말을 써 보세요.

왕	천마총	무덤	→	
문화재	명예	손상	→	
고고학	유적	파내다	→	

 짧은 글짓기

주어진 낱말을 이용하여 **보기** 와 같은 형식으로 짧은 글을 지어 보세요.

보기 누가 + 언제 + 어디에서 + 무엇을 + 어떻게 했다

목격하다	
관측하다	
분개하다	

낱말 쌈 싸 먹기

알쏭달쏭 헷갈리는 맞춤법, 띄어쓰기, 관용어, 한자어가 이제 한입에 쏙!
하루에 한 쪽씩 맛있게 냠냠 해치우자!

맞춤법 다음 문장에서 ( ) 안의 낱말 중 맞춤법이 맞는 낱말에 ○표 하세요.

그는 생각이나 행동이 늘 (옳바르다 , 올바르다).

띄어쓰기 주어진 두 문장 중 하나에는 띄어쓰기가 틀린 부분이 있습니다. 둘 중 바르게 띄어쓰기를 한 문장을 찾아서 ○표 하세요.

㉮ 지금부터 내가 하는 말을 잘 **새겨 들어라.**

㉯ 지금부터 내가 하는 말을 잘 **새겨들어라.**

도움말 '잊지 않도록 주의해서 듣다' 라는 뜻을 가진 한 낱말입니다.

관용어 □ 안에 낱말을 넣어서 그림 속 상황과 어울리는 속담이나 격언 등을 만들어 보세요.

> 어차피 같은 수박이잖아요.

> 이왕이면 큰 걸로 골라야지.

수박!!

같은 값이면
□ □ □ □

한자어 글의 의미에 맞게 □ 안에 들어갈 알맞은 한자어를 **보기** 에서 찾아 써 보세요.

아내의 입장에서 볼 때, □□의 □□(이)가 사는 집을 '시댁' 이라고 한다.

보기 · 祖父 · 男便 · 國家 · 家族

가로·세로 낱말 만들기

15

 주어진 글자를 연결하여 **14** 회에 공부한 낱말을 만들어 보세요.

				관			
		왕	손	목			

격	측	릉	관	발
굴	손	목	훼	왕

★ 도전 시간	**1분**
★ 만들 낱말 수	**5개**
★ 만든 낱말 수	**개**

낱말은 쏙쏙! 생각은 쑥쑥!

그림으로 낱말 찾기

지시선이 가리키는 그림을 보고 사물의 이름이나 행동, 상태 등에 해당하는 낱말을 보기 에서 찾아 □ 안에 쓰세요.

❶ 이름씨

❷ 움직씨

❸ 움직씨

❹ 움직씨

❺ 그림씨

"금방 나을 거야."

보기 • 겉치레 • 식판 • 건성 • 인품 • 앓다 • 치료하다 • 간청하다 • 시무룩하다 • 문병하다

낱말 뜻 알기

□ 안에는 어떤 낱말의 첫 글자가 쓰여 있습니다. 이 첫 글자를 참고하여 □에 알맞은 말을 넣어 낱말 풀이를 완성해 보세요.

❶ **간청하다** : 간 □ □ 청하다.

❷ **겉치레** : 겉만 보기 좋게 꾸 □ □ 드러냄.

❸ **인품** : 사람이 사람으로서 가지는 품격이나 됨 □ □ .

❹ **건성** : 정 □ 을 들이거나 주 □ 를 하지 않고 대 □ 하는 것.

❺ **시무룩하다** : 마음에 못 □ □ 하여 말이 없고 얼굴에 언짢은 기 □ 이 있다.

낱말 친구 사총사

다음 밑줄 친 낱말의 뜻이 다른 셋과 같지 <u>않은</u> 것은 어느 것인지 번호를 고르세요.

❶ 우리 엄마는 피부가 **건성**이라 얼굴에 크림을 많이 바르셔.

❷ 너는 매사에 왜 그렇게 **건성**이니?

❸ 내가 **건성**으로 대답하는 바람에, 아빠가 더 화가 나셨어.

❹ **건성**으로 간병하는 것은 환자에게 도움이 안돼.

연상되는 낱말 찾기

다음은 세 낱말을 보고 공통으로 연상되는 낱말을 찾는 문제입니다. 세 낱말과 관련 있는 낱말을 써 보세요.

겉모양	허세	번지르르하다	→	
병	낫게 하다	의사	→	
병원	꽃다발	위로하다	→	

짧은 글짓기

주어진 낱말을 이용하여 **보기** 와 같은 형식으로 짧은 글을 지어 보세요.

보기 언제 + 누가 + 무엇을 + 어떻게 했다

앓다	
간청하다	
인품	

낱말 쌈 싸 먹기

알쏭달쏭 헷갈리는 맞춤법, 띄어쓰기, 관용어,
한자어가 이제 한입에 쏙!
하루에 한 쪽씩 맛있게 냠냠 해치우자!

맞춤법 다음 문장에서 맞춤법이 <u>틀린</u> 낱말을 찾아 바르게 고쳐 써 보세요.

> 연우의 연주가 끝나자 우뢰와 같은 박수가 쏟아졌다.　　(　　　) → (　　　)

띄어쓰기 주어진 두 문장 중 하나에는 띄어쓰기가 틀린 부분이 있습니다. 둘 중 바르게 띄어쓰기를 한 문장을 찾아서 ○표 하세요.

㉮ 강물이 **흘러 흘러** 바다로 갔다.　　　　㉯ 강물이 **흘러흘러** 바다로 갔다.

도움말 '흐르다'라는 낱말이 두 번 사용되었습니다. 한 낱말이 아닙니다.

관용어 □ 안에 낱말을 넣어서 그림 속 상황과 어울리는 관용구나 속담을 만들어 보세요.

> 자, 새 인형이다!
>
> 와!
>
> 여태 갖고 놀던 걸 바로 던져버리네
>
> □ □ □ 버리듯

한자어 글의 의미에 맞게 □ 안에 들어갈 알맞은 사자성어를 **보기** 에서 찾아 써 보세요.

> 여당 후보와 야당 후보의 다툼 속에서 무소속 후보가 □ □ □ □ (으)로 당선되었다.
>
> **보기** · 약육강식(弱肉强食)　　· 자업자득(自業自得)　　· 어부지리(漁父之利)

가로·세로 낱말 만들기

16

 주어진 글자를 연결하여 **15** 회에 공부한 낱말을 만들어 보세요.

		문	치				
	성	품					

품	문	건	료	치
겉	성	레	인	병

★ 도전 시간 | **1분**

★ 만들 낱말 수 | **5개**

★ 만든 낱말 수 | **개**

낱말은 쏙쏙! 생각은 쑥쑥!

낱말 영역 |

걸린 시간 | 　분　　초

 **그림으로 낱말 찾기**

지시선이 가리키는 그림을 보고 사물의 이름이나 행동, 상태 등에 해당하는 낱말을 보기 에서 찾아 □ 안에 쓰세요.

❶ 이름씨

❷ 이름씨

❸ 이름씨

❹ 움직씨

❺ 움직씨

> 보기 · 가로채다 · 가뭄 · 기관사 · 낡다 · 맴돌다 · 애완동물 · 우글거리다 · 유행 · 주저앉다 · 증기

낱말 뜻 알기

□ 안에는 어떤 낱말의 첫 글자가 쓰여 있습니다. 이 첫 글자를 참고하여 □에 알맞은 말을 넣어 낱말 풀이를 완성해 보세요.

❶ **낡다** : 물건 따위가 오□□□ 허름하고 지□□□□ .

❷ **맴돌다** : 일정한 범위나 장소에서 되□□ 하여 움직이다.

❸ **증기** : 액□ 가 증발하거나 고□ 가 승화할 때 생기는 기체.

❹ **우글거리다** : 벌□ 나 짐승, 사람 따위가 한곳에 빽□□□ 많이 모여 자꾸 움직이다.

❺ **기관사** : 일정한 자격을 갖추어 열□ 나 배, 항공기 따위의 기관을 다루거나 조□ 하는 사람.

낱말 친구 사총사

다음 밑줄 친 낱말의 의미가 다른 셋과 같지 <u>않은</u> 것은 어느 것인지 고르세요.

❶  토론자들은 다른 사람의 말을 **가로채지** 말고 끝까지 들어야 해.

❷  짝꿍이 갑자기 내 말을 **가로채서** 기분이 나빴어.

❸  내 과제물을 **가로채** 간 너는 친구도 아니야.

❹  나는 형의 잔소리가 듣기 싫어서 말을 **가로채** 버렸어.

연상되는 낱말 찾기

다음은 세 낱말을 보고 공통으로 연상되는 낱말을 찾는 문제입니다. 세 낱말과 관련 있는 낱말을 써 보세요.

기우제	흉년	메마르다	➡	
연예인	옷차림	따르다	➡	
개	고양이	기르다	➡	

짧은 글짓기

주어진 낱말을 이용하여 **보기** 와 같은 형식으로 짧은 글을 지어 보세요.

보기 누가 + 어디에서 + 무엇을 + 어떻게 했다

낡다	
주저앉다	
우글거리다	

낱말 쌈 싸 먹기

알쏭달쏭 헛갈리는 맞춤법, 띄어쓰기, 관용어, 한자어가 이제 한입에 쏙!
하루에 한 쪽씩 맛있게 냠냠 해치우자!

맞춤법 다음 문장에서 맞춤법이 <u>틀린</u> 낱말을 찾아 바르게 고쳐 써 보세요.

주희는 골똘히 생각에 잠겨 있었다.　　　(　　　　　) → (　　　　)

띄어쓰기 주어진 두 문장 중 하나에는 띄어쓰기가 틀린 부분이 있습니다. 둘 중 바르게 띄어쓰기를 한 문장을 찾아서 ○표 하세요.

㉮ 그는 논을 **백 마지기나** 물려받았습니다.　　㉯ 그는 논을 **백마지기나** 물려받았습니다.

도움말 '마지기'는 넓이를 나타내는 단위입니다.

관용어 ☐ 안에 낱말을 넣어서 그림 속 상황과 어울리는 속담이나 격언 등을 만들어 보세요.

선물보다 포장 값이 더 든 거 아냐?

히히, 어떻게 알았지,

배보다 ☐☐이 더 크다

한자어 글의 의미에 맞게 ☐ 안에 들어갈 알맞은 사자성어를 보기 에서 찾아 써 보세요.

이 음식은 모양도 멋있는데 맛도 좋으니 ☐☐☐☐(이)라 할 만하다.

보기 · 호의호식(好衣好食) · 설상가상(雪上加霜) · 금상첨화(錦上添花)

가로·세로 낱말 만들기

주어진 글자를 연결하여 **16** 회에 공부한 낱말을 만들어 보세요.

	증						
	가						

행	맴	채	기	가
다	증	품	로	돌

★ 도전 시간	**1분**
★ 만들 낱말 수	**4개**
★ 만든 낱말 수	개

 낱말은 쏙쏙! 생각은 쑥쑥!

낱말 영역 |

걸린 시간 | 분 초

 **그림으로 낱말 찾기**

지시선이 가리키는 그림을 보고 사물의 이름이나 행동, 상태 등에 해당하는 낱말을 (보기)에서 찾아 □ 안에 쓰세요.

❶ 이름씨

❷ 이름씨

❸ 이름씨

❹ 이름씨

❺ 그림씨

(보기) ·거중기 ·고인돌 ·국보 ·도읍지 ·박물관 ·선정하다 ·연표 ·영토 ·침입 ·허술하다

 **낱말 뜻 알기**

□ 안에는 어떤 낱말의 첫 글자가 쓰여 있습니다. 이 첫 글자를 참고하여 □에 알맞은 말을 넣어 낱말 풀이를 완성해 보세요.

❶ **도읍지** : 한 나☐☐의 서☐☐로 삼은 곳.

❷ **선정하다** : 여☐ 가운데서 어떤 것을 뽑☐ 정하다.

❸ **연표** : 역☐☐ 일들을 시대 순☐에 따라 배열하여 적은 표.

❹ **거중기** : 예전에, 무☐☐ 물건을 들어 올리는 데에 쓰던 기☐.

❺ **영토** : 국제법에서 국☐의 통치권이 미치는 구역. 흔히 토☐로 이루어진 영역을 이르나 영해와 영공을 포함하는 경우도 있다.

낱말 친구 사총사

다음 밑줄 친 낱말의 의미가 다른 셋과 같지 <u>않은</u> 것은 어느 것인지 고르세요.

❶ 우리 동네에는 **허술한** 구멍가게만 하나 있어.

❷ 그 아이의 옷차림이 너무 **허술해서** 같이 놀고 싶지 않았어.

❸ 제대로 관리하지 못해서 상태가 **허술한** 문화재도 많아.

❹ 일처리를 그렇게 **허술하게** 하면 어떡하니?

연상되는 낱말 찾기

다음은 세 낱말을 보고 공통으로 연상되는 낱말을 찾는 문제입니다. 세 낱말과 관련 있는 낱말을 써 보세요.

보배	문화재	숭례문	→	
바위	선사시대	무덤	→	
견학	수집품	전시하다	→	

짧은 글짓기

주어진 낱말을 이용하여 보기 와 같은 형식으로 짧은 글을 지어 보세요.

보기 언제 + 누가 + 무엇을 + 어떻게 했다

침입	
도읍지	
선정하다	

낱말 쌈 싸 먹기

알쏭달쏭 헷갈리는 맞춤법, 띄어쓰기, 관용어, 한자어가 이제 한입에 쏙! **하루에 한 쪽씩 맛있게 냠냠 해치우자!**

맞춤법 다음 문장에서 ( ) 안의 낱말 중 맞춤법이 맞는 낱말에 ○표 하세요.

귓병을 심하게 앓다가 결국 (귀머거리 , 귀먹어리)가 되었다.

띄어쓰기 주어진 두 문장 중 하나에는 띄어쓰기가 틀린 부분이 있습니다. 둘 중 바르게 띄어쓰기를 한 문장을 찾아서 ○표 하세요.

㉮ 한껏 **모양내고** 어디를 다녀오니?

㉯ 한껏 **모양 내고** 어디를 다녀오니?

도움말 '꾸미어 맵시를 내다.' 라는 뜻을 가진 한 낱말입니다.

관용어 □ 안에 낱말을 넣어서 그림 속 상황과 어울리는 속담이나 격언 등을 만들어 보세요.

쯧쯧, 게임에 정신이 팔려서 아이스크림이 다 녹은 것도 모르네.

□□□□에
□□□□ 썩는 줄
모른다

한자어 글의 의미에 맞게 □ 안에 들어갈 알맞은 한자어를 **보기** 에서 찾아 써 보세요.

봄이 되자 □□(이)가 올라가서 □□ 활동을 하기가 좋아졌다.

보기 • 氣溫 • 氣力 • 海外 • 野外

가로·세로 낱말 만들기

주어진 글자를 연결하여 **17** 회에 공부한 낱말을 만들어 보세요.

			토				
			인				
				지			
			표				

돌	도	고	연	토
지	표	영	인	읍

★ 도전 시간 | **1분**

★ 만들 낱말 수 | **4개**

★ 만든 낱말 수 | **개**

낱말은 쏙쏙! 생각은 쑥쑥!

낱말 영역 |

걸린 시간 |　　분　　초

그림으로 낱말 찾기

지시선이 가리키는 그림을 보고 사물의 이름이나 행동, 상태 등에 해당하는 낱말을 보기 에서 찾아 ☐ 안에 쓰세요.

① 이름씨

② 움직씨

③ 그림씨

④ 그림씨

⑤ 이름씨

보기 · 공손하다 · 대청 · 명절 · 보채다 · 쑥스럽다 · 예식장 · 익다 · 촌수 · 친척

낱말 뜻 알기

☐ 안에는 어떤 낱말의 첫 글자가 쓰여 있습니다. 이 첫 글자를 참고하여 ☐에 알맞은 말을 넣어 낱말 풀이를 완성해 보세요.

① **공손하다** : 말이나 행동이 겸☐☐하고 예☐ 바르다.

② **촌수** : 친족 사이의 멀☐ 가☐☐ 가 정도를 나타내는 수 또는 그런 관계.

③ **쑥스럽다** : 하는 짓이나 모양이 자☐☐☐ 못하여 우습고 싱거운 데가 있다.

④ **보채다** : 아☐가 아프거나 졸리거나 불만족스러울 때에 어떻게 해 달라는 뜻으로 울☐☐ 칭얼거리다.

⑤ **명절** : 해마다 일정하게 지키어 즐기거나 기☐하는 때.

 **낱말 친구 사총사**

다음 밑줄 친 낱말의 의미가 다른 셋과 같지 <u>않은</u> 것은 어느 것인지 고르세요.

❶  어쩐지 눈에 **익다** 했더니 정기 동생이었구나!

❷  잎채소는 살짝만 **익혀도** 돼.

❸  돼지고기는 완전히 **익혀서** 먹어야 해.

❹  이 고구마는 덜 **익었어.** 조금 더 삶아야 해.

 **연상되는 낱말 찾기**

다음은 세 낱말을 보고 공통으로 연상되는 낱말을 찾는 문제입니다. 세 낱말과 관련 있는 낱말을 써 보세요.

한옥	마루	크다	→	
고향	한복	음식	→	
결혼식	폐백	신랑 신부	→	

 **짧은 글짓기**

주어진 낱말을 이용하여 (보기)와 같은 형식으로 짧은 글을 지어 보세요.

(보기) 누가 + 언제 + 어디에서 + 무엇을 + 어떻게 했다

친척	
촌수	
예식장	

낱말 쌈 싸 먹기

알쏭달쏭 헷갈리는 맞춤법, 띄어쓰기, 관용어, 한자어가 이제 한입에 쏙!
하루에 한 쪽씩 맛있게 냠냠 해치우자!

맞춤법 　다음 문장에서 맞춤법이 <u>틀린</u> 낱말을 찾아 바르게 고쳐 써 보세요.

> 하늘이 잔뜩 흐리더니 기여히 비가 오는구나. 　　　(　　　　　) → (　　　　)

띄어쓰기 　주어진 두 문장 중 하나에는 띄어쓰기가 틀린 부분이 있습니다. 둘 중 바르게 띄어쓰기를 한 문장을 찾아서 ○표 하세요.

㉮ 이제까지 저금한 돈이 **총 백만 원**이다. 　　　㉯ 이제까지 저금한 돈이 **총백만 원**이다.

도움말 　'총'은 뒷말을 꾸며주는 낱말입니다.

관용어 　□ 안에 낱말을 넣어서 그림 속 상황과 어울리는 속담이나 격언 등을 만들어 보세요.

> 오늘은 PC방 안 가?
>
> 나 이제부터 PC방 안 갈 거야
>
> □을 끊다

한자어 　글의 의미에 맞게 □ 안에 들어갈 알맞은 사자성어를 **보기** 에서 찾아 써 보세요.

> 그는 사또인 형을 믿고 □□□□으로 굴어서 주변 사람들에게 원성을 샀다.
>
> **보기** 　· 안하무인(眼下無人) 　· 유유상종(類類相從) 　· 전전긍긍(戰戰兢兢)

가로·세로 **낱말** 만들기

19

 주어진 글자를 연결하여 **18** 회에 공부한 낱말을 만들어 보세요.

			채				
			식				
			수				
			명				

장	다	수	명	식
절	예	채	촌	보

★ 도전 시간	**1분**
★ 만들 낱말 수	**4개**
★ 만든 낱말 수	**개**

낱말은 쏙쏙! 생각은 쑥쑥!

낱말 영역 |

걸린 시간 | 분   초

그림으로 낱말 찾기

지시선이 가리키는 그림을 보고 사물의 이름이나 행동, 상태 등에 해당하는 낱말을 **보기** 에서 찾아 □ 안에 쓰세요.

❶ 이름씨

❷ 이름씨

❸ 이름씨

❹ 이름씨

❺ 이름씨

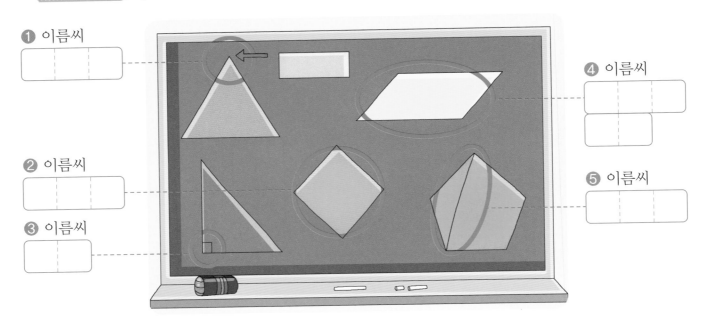

보기 ・꼭짓점 ・대각선 ・등분 ・마름모 ・반올림 ・배출하다 ・소포 ・수집하다 ・직각 ・평행 사변형

낱말 뜻 알기

□ 안에는 어떤 낱말의 첫 글자가 쓰여 있습니다. 이 첫 글자를 참고하여 □에 알맞은 말을 넣어 낱말 풀이를 완성해 보세요.

❶ **등분** : 분량을 [똑][ ][ ] 나눔. 또는 그 분량.

❷ **평행 사변형** : 서로 [마][ ] 대하는 두 쌍의 변이 각각 [평][ ] 인 사각형.

❸ **대각선** : 다각형에서 서로 [이][ ] 하지 아니하는 두 [꼭][ ][ ] 을 잇는 선분.

❹ **수집하다** : [취][ ] 나 연구를 위하여 여러 가지 물건이나 재료를 찾아 [모][ ][ ].

❺ **마름모** : 네 변의 [길][ ] 가 같고 두 쌍의 마주 보는 변이 서로 평행하며, 두 [대][ ][ ] 이 중점에서 서로 수직으로 만나는 사각형.

**낱말 친구 사총사**

다음 밑줄 친 낱말의 의미가 다른 셋과 같지 <u>않은</u> 것은 어느 것인지 고르세요.

❶ 오염 물질을 **배출하지** 않는 무공해 자동차가 점점 더 늘어날 거야.

❷ 누군가 강물에 몰래 폐수를 **배출해서** 물고기들이 떼죽음을 당했어.

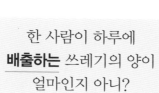
❸ 한 사람이 하루에 **배출하는** 쓰레기의 양이 얼마인지 아니?

❹ 우리 학교는 인재를 많이 **배출했다**는 자부심을 가지고 있어.

**연상되는 낱말 찾기**

다음은 세 낱말을 보고 공통으로 연상되는 낱말을 찾는 문제입니다. 세 낱말과 관련 있는 낱말을 써 보세요.

우체국	물건	보내다	➡	
근삿값	버리다	올리다	➡	
사각형	야구장	다이아몬드	➡	

**짧은 글짓기**

주어진 낱말을 이용하여 **보기** 와 같은 형식으로 짧은 글을 지어 보세요.

보기　　왜 + 누가 + 무엇을 + 어떻게 했다

직각	
등분	
수집하다	

낱말 쌈 싸 먹기

알쏭달쏭 헷갈리는 맞춤법, 띄어쓰기, 관용어, 한자어가 이제 한입에 쏙!
하루에 한 쪽씩 맛있게 냠냠 해치우자!

맞춤법　다음 문장에서 (　) 안의 낱말 중 맞춤법이 맞는 낱말에 ○표 하세요.

> 지훈이는 기지개를 (켜고 , 키고) 나서 침대에서 벌떡 일어났다.

띄어쓰기　주어진 두 문장 중 하나에는 띄어쓰기가 틀린 부분이 있습니다. 둘 중 바르게 띄어쓰기를 한 문장을 찾아서 ○표 하세요.

㉮ 매듭이 풀어지지 않게 잘 **동여매어라.**　　㉯ 매듭이 풀어지지 않게 잘 **동여 매어라.**

도움말　'끈 등으로 두르거나 감거나 하여 묶다.'라는 뜻을 가진 한 낱말입니다.

관용어　□ 안에 낱말을 넣어서 그림 속 상황과 어울리는 속담이나 격언 등을 만들어 보세요.

> 어머, 네 아들은 부지런하구나!
>
> 일 년에 한 번 있을까 말까 한 일이야.

□□에 콩 나듯

한자어　글의 의미에 맞게 □ 안에 들어갈 알맞은 한자어를 **보기**에서 찾아 써 보세요.

홍길동은 □□(을)를 내어, 신분이 천하다는 자신의 □□에 맞서 싸우기로 결심하였다.

보기　• 容恕　　• 勇氣　　• 運命　　• 生命

가로·세로 **낱말** 만들기

 주어진 글자를 연결하여 **19** 회에 공부한 낱말을 만들어 보세요.

			분	수			
		소					
		반					

올	등	포	집	분
꼭	수	림	소	반

★ 도전 시간 | **1분**

★ 만들 낱말 수 | **4개**

★ 만든 낱말 수 | 개

낱말은 쏙쏙! 생각은 쑥쑥!

 **그림으로 낱말 찾기**

지시선이 가리키는 그림을 보고 사물의 이름이나 행동, 상태 등에 해당하는 낱말을 보기 에서 찾아 ☐ 안에 쓰세요.

❶ 이름씨

❷ 이름씨

❸ 이름씨

❹ 이름씨

❺ 이름씨

보기   • 깃발   • 나발   • 성악가   • 용고   • 음색   • 의좋다   • 자바라   • 축제   • 태평소   • 행차

낱말 뜻 알기

☐ 안에는 어떤 낱말의 첫 글자가 쓰여 있습니다. 이 첫 글자를 참고하여 ☐에 알맞은 말을 넣어 낱말 풀이를 완성해 보세요.

❶ **축제** : 축☐☐ 하여 벌이는 큰 규모의 행☐ .

❷ **의좋다** : 서로 사귀어 친하여진 정이 두☐☐ .

❸ **성악가** : 사람의 목☐☐ 로 하는 음악을 전☐☐ 으로 하는 사람.

❹ **행차** : 웃☐☐ 이 차리고 나서서 길을 감. 또는 그때 이루는 대열.

❺ **음색** : 음을 만드는 구성 요소의 차☐ 로 생기는, 소☐ 의 감각적 특색.

낱말 친구 사총사

다음 보기 의 글에서 밑줄 친 말이 뜻하는 것을 올바르게 말하고 있는 친구는 누구인지 고르세요.

> 보기   <u>행차 뒤에 나팔</u>이라더니 행사가 끝난 뒤에 연습을 하면 뭐 해?

❶
제때 안 하다가 뒤늦게서야 대책을 서두르는 것을 핀잔하는 말이야.

❷
앞에 나서지 않고 뒤에서 묵묵하게 일하는 사람을 가리키는 말이야.

❸
어떤 일을 준비하느라 매우 소란스러운 모양을 가리키는 말이야.

❹
일의 내용에 안 맞는 행동을 하는 사람을 비꼬는 말이야.

연상되는 낱말 찾기

다음은 세 낱말을 보고 공통으로 연상되는 낱말을 찾는 문제입니다. 세 낱말과 관련 있는 낱말을 써 보세요.

장대	운동회	펄럭이다	→	
잔치	즐겁다	벚꽃	→	
음악가	가곡	오페라	→	

짧은 글짓기

주어진 낱말을 이용하여 보기 와 같은 형식으로 짧은 글을 지어 보세요.

> 보기   누가 + 어디에서 + 무엇을 + 어떻게 했다

음색	
자바라	
의좋다	

낱말 쌈 싸 먹기

알쏭달쏭 헷갈리는 맞춤법, 띄어쓰기, 관용어, 한자어가 이제 한입에 쏙!
하루에 한 쪽씩 맛있게 냠냠 해치우자!

맞춤법 ── 다음 문장에서 맞춤법이 틀린 낱말을 찾아 바르게 고쳐 써 보세요.

세상에 태어나서 너 같은 깍정이는 처음 본다.   (   ) → (   )

띄어쓰기 ── 주어진 두 문장 중 하나에는 띄어쓰기가 틀린 부분이 있습니다. 둘 중 바르게 띄어쓰기를 한 문장을 찾아서 ○표 하세요.

㉮ 나도 **오다 가다** 알게 된 일이야.   ㉯ 나도 **오다가다** 알게 된 일이야.

도움말 '지나는 길에 우연히'를 뜻하는 한 낱말입니다.

관용어 ── □ 안에 낱말을 넣어서 그림 속 상황과 어울리는 속담이나 격언 등을 만들어 보세요.

힘을 합치니까 옮기기 쉽구나.

□□□도
맞들면 낫다

한자어 ── 글의 의미에 맞게 □ 안에 들어갈 알맞은 사자성어를 보기 에서 찾아 써 보세요.

친구들 간의 싸움은 우리 반에서 □□□□ 한 일이다.

보기 · 설상가상(雪上加霜)   · 비일비재(非一非再)   · 유구무언(有口無言)

가로·세로 낱말 만들기

21

 주어진 글자를 연결하여 **20** 회에 공부한 낱말을 만들어 보세요.

	자						
	태			고	발		

소	고	라	평	발
바	태	나	용	자

★ 도전 시간 | **1분**

★ 만들 낱말 수 | **4개**

★ 만든 낱말 수 | **개**

낱말은 쏙쏙! 생각은 쑥쑥!

그림으로 낱말 찾기

지시선이 가리키는 그림을 보고 사물의 이름이나 행동, 상태 등에 해당하는 낱말을 보기 에서 찾아 ☐ 안에 쓰세요.

❶ 움직씨

❷ 이름씨

❸ 이름씨

❹ 그림씨

❺ 움직씨

보기   • 두렷두렷   • 시샘   • 쏘아보다   • 앙상하다   • 움츠리다   • 위반   • 종례   • 지름길   • 짙다   • 치과

낱말 뜻 알기

☐ 안에는 어떤 낱말의 첫 글자가 쓰여 있습니다. 이 첫 글자를 참고하여 ☐에 알맞은 말을 넣어 낱말 풀이를 완성해 보세요.

❶ **위반** : 법률, 명☐☐, 약☐ 따위를 지키지 않고 어김.

❷ **움츠리다** : 몸이나 몸의 일부를 몹시 오그리어 작☐☐☐ 하다.

❸ **두렷두렷** : 엉클어지거나 흐☐☐ 않고 몹시 분☐한 모양.

❹ **시샘** : 자기보다 잘되거나 나은 사람을 공연히 미☐☐☐ 싫어함. 또는 그런 마☐.

❺ **종례** : 학☐에서, 하루 일과를 마친 뒤에 담임교사와 학☐이 한자리에 모여 나누는 인사.

낱말 친구 사총사

다음 밑줄 친 낱말의 의미가 다른 셋과 같지 <u>않은</u> 것은 어느 것인지 고르세요.

 ❶ 그 아이는 빡빡머리에 **짙은** 눈썹이 아주 인상적이었어.

 ❷ 며칠 만에 집에 오신 아빠는 턱수염이 **짙게** 나 있었어.

 ❸ 우리 엄마는 안개가 **짙게** 낀 날에는 운전을 하지 않으셔.

 ❹ 우리 할머니는 머리숱이 **짙은** 사람을 보면 부럽다고 하셔.

연상되는 낱말 찾기

다음은 세 낱말을 보고 공통으로 연상되는 낱말을 찾는 문제입니다. 세 낱말과 관련 있는 낱말을 써 보세요.

의사	충치	무섭다	→	
길	빠르다	가깝다	→	
뼈	마르다	겨울 나무	→	

짧은 글짓기

주어진 낱말을 이용하여 **보기** 와 같은 형식으로 짧은 글을 지어 보세요.

보기   언제 + 누가 + 무엇을 + 어떻게 했다

시샘	
위반	
쏘아보다	

낱말 쌈 싸 먹기

알쏭달쏭 헷갈리는 맞춤법, 띄어쓰기, 관용어, 한자어가 이제 한입에 쏙! **하루에 한 쪽씩 맛있게 냠냠 해치우자!**

맞춤법 ── 다음 문장에서 ( ) 안의 낱말 중 맞춤법이 맞는 낱말에 ○표 하세요.

> 초린이는 소파에 (깊숙히 , 깊숙이) 기대어 앉아 책을 읽었다.

띄어쓰기 ── 주어진 두 문장 중 하나에는 띄어쓰기가 틀린 부분이 있습니다. 둘 중 바르게 띄어쓰기를 한 문장을 찾아서 ○표 하세요.

㉮ 오이김치를 담으려고 오이를 **두 거리** 샀다.

㉯ 오이김치를 담으려고 오이를 **두거리** 샀다.

도움말 '거리'는 수량을 세는 단위입니다.

관용어 ── □ 안에 낱말을 넣어서 그림 속 상황과 어울리는 속담이나 격언 등을 만들어 보세요.

점심시간인데 사람이 하나도 없네.

□□ 날리다

한자어 ── 글의 의미에 맞게 □ 안에 들어갈 알맞은 한자어를 보기 에서 찾아 써 보세요.

선생은 일본의 억압에서 우리 □□(을)를 구해 내는 것을 자신의 □□(으)로 여기셨다.

보기 · 民族 · 民主 · 使命 · 姓名

가로·세로 낱말 만들기

22

주어진 글자를 연결하여 21 회에 공부한 낱말을 만들어 보세요.

			시			
			상			
		종				

| 다 | 레 | 리 | 샘 | 짙 |
| 시 | 앙 | 종 | 상 | 하 |

★ 도전 시간	**1분**
★ 만들 낱말 수	**4개**
★ 만든 낱말 수	**개**

낱말은 쏙쏙! 생각은 쑥쑥!

낱말 영역 |

걸린 시간 | 　분　　초

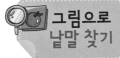
그림으로 낱말 찾기

지시선이 가리키는 그림을 보고 사물의 이름이나 행동, 상태 등에 해당하는 낱말을
보기 에서 찾아 ☐ 안에 쓰세요.

❸ 이름씨

❹ 이름씨

❶ 이름씨

❷ 이름씨

❺ 그림씨

보기　· 맞벌이　· 비결　· 성묘　· 역할　· 외식　· 의지　· 입양　· 투정　· 앙상하다　· 호통

낱말 뜻 알기

☐ 안에는 어떤 낱말의 첫 글자가 쓰여 있습니다. 이 첫 글자를 참고하여 ☐에 알
맞은 말을 넣어 낱말 풀이를 완성해 보세요.

❶ **의지** : 다른 것에 | 마 | ☐ |을 기대어 | 도 | ☐ |을 받음.

❷ **비결** : 세상에 | 알 | ☐ | ☐ | 있지 않은 자기만의 뛰어난 | 방 | ☐ |.

❸ **앙상하다** : 살이 | 빠 | ☐ |서 뼈만 남은 듯 | 바 | ☐ | 마르다.

❹ **투정** : 무엇이 모자라거나 | 못 | ☐ | ☐ |하여 떼를 쓰며 | 조 | ☐ | ☐ | 일.

❺ **호통** : 몹시 화가 나서 | 크 | ☐ | 소리 지르거나 | 꾸 | ☐ | ☐ |. 또는 그 소리.

낱말 친구 사총사

다음 밑줄 친 낱말의 의미가 다른 셋과 같지 <u>않은</u> 것은 어느 것인지 고르세요.

❶ 오늘날에는 가족 구성원의 **역할**이 많이 달라졌어.

❷ 나는 이번 연극에서 난쟁이 **역할**을 맡았어.

❸ 너는 회장 **역할**을 할 만한 능력이 있으니 도전해 봐.

❹ 주시경 선생님은 한글 발전에 중요한 **역할**을 하셨어.

연상되는 낱말 찾기

다음은 세 낱말을 보고 공통으로 연상되는 낱말을 찾는 문제입니다. 세 낱말과 관련 있는 낱말을 써 보세요.

추석	산소	돌보다	⟶	
고아	사랑	기르다	⟶	
부부	일	수입	⟶	

짧은 글짓기

주어진 낱말을 이용하여  보기 와 같은 형식으로 짧은 글을 지어 보세요.

보기   왜 + 누가 + 무엇을 + 어떻게 했다

외식	
투정	
호통	

낱말 쌈 싸 먹기

알쏭달쏭 헷갈리는 맞춤법, 띄어쓰기, 관용어,
한자어가 이제 한입에 쏙!
하루에 한 쪽씩 맛있게 냠냠 해치우자!

맞춤법 다음 문장에서 맞춤법이 틀린 낱말을 찾아 바르게 고쳐 써 보세요.

형은 긴 의자의 끝으머리에 걸터앉았다.   (   ) → (   )

띄어쓰기 주어진 두 문장 중 하나에는 띄어쓰기가 틀린 부분이 있습니다. 둘 중 바르게 띄어쓰기를 한 문장을 찾아서 ○표 하세요.

㉮ **한눈팔지** 말고 곧장 집으로 오너라.   ㉯ **한눈 팔지** 말고 곧장 집으로 오너라.

도움말 '마땅히 볼 데를 보지 않고 딴 데를 보다.' 라는 뜻을 가진 한 낱말입니다.

관용어 □ 안에 낱말을 넣어서 그림 속 상황과 어울리는 속담이나 격언 등을 만들어 보세요.

아이고, 그걸
가져가면 우린
어쩌라고……

□□의 □을
내먹는다

한자어 글의 의미에 맞게 □ 안에 들어갈 알맞은 사자성어를 **보기** 에서 찾아 써 보세요.

모든 것은 □□□□ 이니 법을 어긴 자들은 반드시 대가를 치를 것이다.

보기 • 사필귀정(事必歸正)   • 사면초가(四面楚歌)   • 오합지졸(烏合之卒)

23

공부를 시작하기 전에 가볍게 머리를 풀어 보아요!

가로·세로 낱말 만들기

 주어진 글자를 연결하여 **22** 회에 공부한 낱말을 만들어 보세요.

				정	벌		
				성			

정	가	묘	핵	이
성	벌	투	맞	족

★ 도전 시간	**1분**
★ 만들 낱말 수	**4개**
★ 만든 낱말 수	**개**

낱말은 쏙쏙! 생각은 쑥쑥!

그림으로 낱말 찾기

지시선이 가리키는 그림을 보고 사물의 이름이나 행동, 상태 등에 해당하는 낱말을 보기 에서 찾아 □ 안에 쓰세요.

❶ 움직씨

❷ 움직씨

❸ 움직씨

❹ 그림씨

❺ 그림씨

보기 · 공원 · 금지 · 뱉다 · 부축하다 · 새치기 · 소란스럽다 · 지저분하다 · 질서 · 찌푸리다 · 학예회

낱말 뜻 알기

□ 안에는 어떤 낱말의 첫 글자가 쓰여 있습니다. 이 첫 글자를 참고하여 □에 알맞은 말을 넣어 낱말 풀이를 완성해 보세요.

❶ **소란스럽다** : 시□□□ 어수선한 데가 있다.

❷ **부축하다** : 겨□□□ 를 붙잡아 걷는 것을 돕다.

❸ **질서** : 혼란 없이 순조롭게 이루어지게 하는 사물의 순□ 나 차□.

❹ **금지** : 법이나 규□ 이나 명□ 따위로 어떤 행위를 하지 못하도록 함.

❺ **지저분하다** : 정□ 이 되어 있지 아니하고 어수선하다. 또는 보기 싫게 더□□.

 **낱말 친구 사총사**

다음 밑줄 친 낱말의 의미가 다른 셋과 같지 <u>않은</u> 것은 어느 것인지 고르세요.

❶  왜 그렇게 오만상을 **찌푸리고** 있니?

❷  하루 종일 하늘이 잔뜩 **찌푸려** 있구나!

❸ 엄마는 머리가 아프다며 미간을 **찌푸리셨어.**

❹  얼굴을 **찌푸리니까** 하나도 안 예쁘잖아.

 **연상되는 낱말 찾기**

다음은 세 낱말을 보고 공통으로 연상되는 낱말을 찾는 문제입니다. 세 낱말과 관련 있는 낱말을 써 보세요.

잔디	벤치	쉼터	⟶	
강당	장기 자랑	발표	⟶	
줄	얌체	끼어들다	⟶	

 **짧은 글짓기**

주어진 낱말을 이용하여 **보기** 와 같은 형식으로 짧은 글을 지어 보세요.

보기 누가 + 어디에서 + 무엇을 + 어떻게 했다

공원	
금지	
뽑다	

낱말 쌈 싸 먹기

알쏭달쏭 헷갈리는 맞춤법, 띄어쓰기, 관용어,
한자어가 이제 한입에 쏙!
하루에 한 쪽씩 맛있게 냠냠 해치우자!

맞춤법   다음 문장에서 ( ) 안의 낱말 중 맞춤법이 맞는 낱말에 ◯표 하세요.

민수는 하마터면 (낭떨어지 , 낭떠러지) 아래로 떨어질 뻔했다.

띄어쓰기   주어진 두 문장 중 하나에는 띄어쓰기가 틀린 부분이 있습니다. 둘 중 바르게 띄어쓰기를 한 문장을 찾아서 ◯표 하세요.

㉮ **본 사건**은 나와 전혀 상관이 없습니다.   ㉯ **본사건**은 나와 전혀 상관이 없습니다.

도움말   '본'은 뒷말을 꾸며주는 낱말로 사용되었습니다.

관용어   ☐ 안에 낱말을 넣어서 그림 속 상황과 어울리는 관용구나 속담을 만들어 보세요.

쏘아 놓은 ☐ 이요
엎지른 ☐ 이다

한자어   글의 의미에 맞게 ☐ 안에 들어갈 알맞은 한자어를 보기 에서 찾아 써 보세요.

나의 소원은 우리나라가 ☐☐ 하여 백성들이 ☐☐ (을)를 누리게 되는 것뿐이다.

보기   • 平生   • 平面   • 家庭   • 國家

가로·세로 **낱말** 만들기

24

 주어진 글자를 연결하여 **23** 회에 공부한 낱말을 만들어 보세요.

				기			
			예	회			
			지				

다	푸	회	새	학
예	치	리	지	기

★ 도전 시간	**1분**
★ 만들 낱말 수	**3개**
★ 만든 낱말 수	개

낱말은 쏙쏙! 생각은 쑥쑥!

 **그림으로 낱말 찾기**

지시선이 가리키는 그림을 보고 사물의 이름이나 행동, 상태 등에 해당하는 낱말을 보기 에서 찾아 □ 안에 쓰세요.

❹ 이름씨

❺ 이름씨

❶ 이름씨

❷ 움직씨

❸ 이름씨

보기 • 멸종 • 부화 • 석고 • 석탄 • 전시 • 지층 • 캐내다 • 허물 • 화석 • 흔적

 **낱말 뜻 알기**

□ 안에는 어떤 낱말의 첫 글자가 쓰여 있습니다. 이 첫 글자를 참고하여 □에 알맞은 말을 넣어 낱말 풀이를 완성해 보세요.

❶ 전시 : 여러 가지 물품을 한□□ 에 벌여 놓고 보임.

❷ 흔적 : 어떤 현상이나 실체가 없어졌거나 지나간 뒤에 남□□ 자□ 이나 자취.

❸ 부화 : 동물의 알 속에서 새□ 가 껍□ 을 깨고 밖으로 나옴. 또는 그렇게 되게 함.

❹ 지층 : 알갱이의 크□ ·색·성분 따위가 서로 달라서 위□□ 의 퇴적암과 구분되는 퇴적암체.

❺ 석탄 : 태고 때의 식물질이 땅□ 깊이 묻히어 오랫동안 지압과 지열을 받아 차츰 분해하여 생긴,

타□ 쉬운 퇴적암.

낱말 친구 사총사

다음 밑줄 친 낱말의 의미가 다른 셋과 같지 <u>않은</u> 것은 어느 것인지 고르세요.

❶ 나한테 비밀을 **캐내려는** 생각인가 본데, 어림없어.

❷ 오늘 할머니와 함께 밭에서 고구마를 **캐냈어**.

❸ 화석을 **캐낼** 때에는 부러지거나 흠집이 생기지 않도록 조심해야 해.

❹ 그 아저씨는 금을 **캐내겠다며** 깊은 동굴 속으로 들어갔어.

연상되는 낱말 찾기

다음은 세 낱말을 보고 공통으로 연상되는 낱말을 찾는 문제입니다. 세 낱말과 관련 있는 낱말을 써 보세요.

동식물	퇴적암	흔적	→	
공룡	해성 충돌	없어지다	→	
벗다	파충류	껍질	→	

짧은 글짓기

주어진 낱말을 이용하여 보기 와 같은 형식으로 짧은 글을 지어 보세요.

> **보기** 누가 + 왜 + 무엇을 + 어떻게 했다

부화	
석고	
흔적	

낱말 쌈 싸 먹기

알쏭달쏭 헷갈리는 맞춤법, 띄어쓰기, 관용어, 한자어가 이제 한입에 쏙!
하루에 한 쪽씩 맛있게 냠냠 해치우자!

맞춤법 다음 문장에서 맞춤법이 <u>틀린</u> 낱말을 찾아 바르게 고쳐 써 보세요.

아주머니는 어머니에게 넉두리를 늘어놓으셨다.   (   ) → (   )

띄어쓰기 주어진 두 문장 중 하나에는 띄어쓰기가 틀린 부분이 있습니다. 둘 중 바르게 띄어쓰기를 한 문장을 찾아서 ○표 하세요.

㉮ 너무 속상해서 이불을 **덮어 쓰고** 울었다.   ㉯ 너무 속상해서 이불을 **덮어쓰고** 울었다.

도움말 '이불 따위를 머리 위까지 덮다.' 라는 뜻을 가진 한 낱말입니다.

관용어 □ 안에 낱말을 넣어서 그림 속 상황과 어울리는 속담이나 격언 등을 만들어 보세요.

> 김장을 백 포기나 하셨으니……,

> 에구 힘들어!

□□□가 되다

한자어 글의 의미에 맞게 □ 안에 들어갈 알맞은 사자성어를 **보기** 에서 찾아 써 보세요.

이런 일이 일어날 것을 미리 예측하신 할아버지의 □□□□ 에 감탄했다.

보기 • 마이동풍(馬耳東風)   • 선견지명(先見之明)   • 우후죽순(雨後竹筍)

공부를 시작하기 전에 가볍게 머리를 풀어 보아요!

가로·세로 낱말 만들기

 주어진 글자를 연결하여 **24** 회에 공부한 낱말을 만들어 보세요.

		화		고			
		물		지			

캐	지	고	물	화
탄	허	부	석	층

★ 도전 시간 | **1분**

★ 만들 낱말 수 | **6개**

★ 만든 낱말 수 | **개**

낱말은 쏙쏙! 생각은 쑥쑥!

낱말 영역 |

걸린 시간 | 분 초

 **그림으로 낱말 찾기**

지시선이 가리키는 그림을 보고 사물의 이름이나 행동, 상태 등에 해당하는 낱말을 보기 에서 찾아 ☐ 안에 쓰세요.

❹ 이름씨

❶ 이름씨

❺ 움직씨

❷ 움직씨

❸ 이름씨

보기 •건조 •다기 •다듬다 •물레 •빚다 •변형 •소장 •옹기 •잔상 •착시

 **낱말 뜻 알기**

☐ 안에는 어떤 낱말의 첫 글자가 쓰여 있습니다. 이 첫 글자를 참고하여 ☐에 알맞은 말을 넣어 낱말 풀이를 완성해 보세요.

❶ **다기** : 차를 달여 마☐☐ 데에 쓰는 여러 기물.

❷ **변형** : 모☐ 이나 형☐ 가 달라지거나 달라지게 함.

❸ **소장** : 자☐ 의 것으로 지니어 간☐ 함. 또는 그 물건.

❹ **물레** : 도☐☐ 를 만들 때, 흙을 빚거나 무☐ 를 넣는 데 사용하는 기구.

❺ **잔상** : 외☐ 자극이 사라진 뒤에도 감☐ 경험이 지속되어 나타나는 상. 촛불을 한참 바라본 뒤에 눈을 감아도 그 촛불의 상이 나타나는 현상 따위이다.

 **낱말 친구 사총사**

다음 밑줄 친 낱말의 의미가 다른 셋과 같지 <u>않은</u> 것은 어느 것인지 고르세요.

 ❶ 찰흙 작품을 만들 때에는 마지막에 전체적인 모양을 **다듬어** 주어야 해.

 ❷ 엄마는 외출을 하시려는지 미용실에 가서 머리를 **다듬으셨어.**

 ❸ 할아버지는 오늘 하루 종일 정원의 나무를 보기 좋게 **다듬으셨어.**

 ❹ 선생님께서 내 글을 읽어 보시고, 조금만 더 **다듬으면** 좋겠다고 하셨어.

 **연상되는 낱말 찾기**

다음은 세 낱말을 보고 공통으로 연상되는 낱말을 찾는 문제입니다. 세 낱말과 관련 있는 낱말을 써 보세요.

햇볕	그늘	말리다	→	
항아리	질그릇	오지그릇	→	
시각	착각	현상	→	

 **짧은 글짓기**

주어진 낱말을 이용하여 [보기] 와 같은 형식으로 짧은 글을 지어 보세요.

[보기] 누가 + 언제 + 무엇을 + 어떻게 했다

소장	
변형	
빚다	

낱말 쌈 싸 먹기

알쏭달쏭 헛갈리는 맞춤법, 띄어쓰기, 관용어, 한자어가 이제 한입에 쏙!
하루에 한 쪽씩 맛있게 냠냠 해치우자!

맞춤법 다음 문장에서 ( ) 안의 낱말 중 맞춤법이 맞는 낱말에 ○표 하세요.

> 우리 동네에는 높은 건물보다 (낮으막한 , 나지막한) 건물이 더 많다.

띄어쓰기 주어진 두 문장 중 하나에는 띄어쓰기가 틀린 부분이 있습니다. 둘 중 바르게 띄어쓰기를 한 문장을 찾아서 ○표 하세요.

㉮ **가타부타** 말이 없으니 참 답답하네요.

㉯ **가타 부타** 말이 없으니 참 답답하네요.

도움말 '어떤 일에 대하여 옳거나 그르다느니 함'을 뜻하는 한 낱말입니다.

관용어 □ 안에 낱말을 넣어서 그림 속 상황과 어울리는 속담이나 격언 등을 만들어 보세요.

어린 녀석이 스스로 책도 많이 읽고……, 앞으로 큰 인물이 되겠어.

될성부른 나무는
□□ 부터 알아본다

한자어 글의 의미에 맞게 □ 안에 들어갈 알맞은 한자어를 **보기** 에서 찾아 써 보세요.

성준이의 말을 □□ 해서 듣고 난 뒤, 아이들은 모두 그 의견에 □□ 하였다.

> **보기** · 集團   · 集中   · 同等   · 同意

26

가로·세로 낱말 만들기

 주어진 글자를 연결하여 **25** 회에 공부한 낱말을 만들어 보세요.

			변				
			상				
			기				
			물				

레	변	상	옹	착
기	시	물	형	잔

★ 도전 시간 | **1분**

★ 만들 낱말 수 | **5개**

★ 만든 낱말 수 | **개**

낱말은 쏙쏙! 생각은 쑥쑥!

 **그림으로 낱말 찾기**

지시선이 가리키는 그림을 보고 사물의 이름이나 행동, 상태 등에 해당하는 낱말을 **보기** 에서 찾아 □ 안에 쓰세요.

❶ 이름씨

❷ 이름씨

❸ 그림씨

❹ 이름씨

❺ 그림씨

보기 ·말타기 ·법석 ·비밀 ·아리다 ·얼레 ·위장 ·자치기 ·진딧물 ·질기다 ·파충류

낱말 뜻 알기

□ 안에는 어떤 낱말의 첫 글자가 쓰여 있습니다. 이 첫 글자를 참고하여 □에 알맞은 말을 넣어 낱말 풀이를 완성해 보세요.

❶ **법석** : 소□□□□ 떠드는 모양.

❷ **얼레** : 연□, 낚싯줄 따위를 감□ 데 쓰는 기구.

❸ **아리다** : 상□ 나 살갗 따위가 찌□□ 듯이 아프다.

❹ **위장** : 본래의 정체나 모□ 이 드러나지 않도록 거□ 으로 꾸밈. 또는 그런 수단이나 방법.

❺ **자치기** : 아이들 놀이의 하나. 정하여진 순서에 따라 여러 방법으로 짤□□ 나무토막을 긴 막대기로 쳐서 날□□ 거리를 재어 승부를 정한다.

낱말 친구 사총사

다음 밑줄 친 낱말의 의미가 다른 셋과 같지 <u>않은</u> 것은 어느 것인지 고르세요.

❶ 아빠가 스테이크를 사 주셨는데, 고기가 너무 **질겨서** 제대로 못 먹었어.

❷ 그런 일들을 당하고도 살아 있다니, 명이 참 **질기기도** 하다!

❸ 많은 책을 묶으려면 길고 **질긴** 노끈이 필요해.

❹ 악어가죽은 매우 **질기고** 윤이 나서 가방이나 허리띠를 만드는 데 주로 쓰여.

연상되는 낱말 찾기

다음은 세 낱말을 보고 공통으로 연상되는 낱말을 찾는 문제입니다. 세 낱말과 관련 있는 낱말을 써 보세요.

일기	숨기다	탄로 나다	→	
곤충	빨아먹다	해롭다	→	
공룡	뱀	악어	→	

짧은 글짓기

주어진 낱말을 이용하여 보기 와 같은 형식으로 짧은 글을 지어 보세요.

보기   누가 + 왜 + 무엇을 + 어떻게 했다

위장	
말타기	
아리다	

낱말 쌈 싸 먹기

알쏭달쏭 헷갈리는 맞춤법, 띄어쓰기, 관용어,
한자어가 이제 한입에 쏙!
하루에 한 쪽씩 맛있게 냠냠 해치우자!

맞춤법 다음 문장에서 맞춤법이 틀린 낱말을 찾아 바르게 고쳐 써 보세요.

저 고개 넘어에 우리 외갓집이 있다. (   ) → (   )

띄어쓰기 주어진 두 문장 중 하나에는 띄어쓰기가 틀린 부분이 있습니다. 둘 중 바르게 띄어쓰기를 한 문장을 찾아서 ○표 하세요.

㉮ 고등어를 **한 뭇**이나 구워서 다 먹었다.

㉯ 고등어를 **한뭇**이나 구워서 다 먹었다.

도움말 '뭇'은 생선을 묶어 세는 단위입니다.

관용어 ☐ 안에 낱말을 넣어서 그림 속 상황과 어울리는 관용구나 속담을 만들어 보세요.

☐에 빠진 놈
건져 놓으니까
내 ☐☐ 내라 한다

한자어 글의 의미에 맞게 ☐ 안에 들어갈 알맞은 사자성어를 **보기**에서 찾아 써 보세요.

산 속에서 길을 잃었는데, ☐☐☐☐ 으로 비까지 내리기 시작했다.

보기 · 십시일반(十匙一飯) · 지피지기(知彼知己) · 설상가상(雪上加霜)

27

공부를 시작하기 전에 가볍게 머리를 풀어 보아요!

가로·세로 낱말 만들기

 주어진 글자를 연결하여 **26** 회에 공부한 낱말을 만들어 보세요.

			법			
			치			
			물	레		

기	레	진	법	얼
물	자	석	치	딋

★ 도전 시간 | **1분**

★ 만들 낱말 수 | **4개**

★ 만든 낱말 수 | 개

낱말은 쏙쏙! 생각은 쑥쑥!

그림으로 낱말 찾기

지시선이 가리키는 그림을 보고 사물의 이름이나 행동, 상태 등에 해당하는 낱말을 **보기**에서 찾아 ☐ 안에 쓰세요.

❶ 이름씨

❷ 이름씨

❸ 이름씨

❸ 이름씨

❺ 이름씨

보기 ・가계부 ・기입장 ・부지 ・수입 ・에너지 ・절약 ・주문 ・지출 ・통장 ・현명하다

낱말 뜻 알기

☐ 안에는 어떤 낱말의 첫 글자가 쓰여 있습니다. 이 첫 글자를 참고하여 ☐에 알맞은 말을 넣어 낱말 풀이를 완성해 보세요.

❶ **지출** : 어떤 ☐목☐ 을 위하여 돈을 지급하는 일.

❷ **가계부** : 집안 살림의 ☐수☐ 과 ☐지☐ 을 적는 장부.

❸ **현명하다** : 어질고 ☐슬☐☐☐ 사리(일의 이치)에 밝다.

❹ **부지** : ☐건☐ 을 세우거나 ☐도☐ 를 만들기 위하여 마련한 땅.

❺ **수입** : 돈이나 물품 따위를 ☐거☐☐ 들임. 또는 그 돈이나 물품.

낱말 친구 사총사

다음 밑줄 친 낱말의 의미가 다른 셋과 같지 <u>않은</u> 것은 어느 것인지 고르세요.

❶ 종업원이 **주문**을 잘못 받아서 시킨 것과 다른 음식이 나왔어.

❷ 우리 큰아버지는 과수원을 하시는데, **주문** 판매만 하고 있어.

❸ 마술사가 **주문**을 외우고 보자기를 벗겼더니 새가 사라졌어.

❹ 물건 **주문**이 많이 들어와서 공장 사람들은 밤을 새야 했어.

연상되는 낱말 찾기

다음은 세 낱말을 보고 공통으로 연상되는 낱말을 찾는 문제입니다. 세 낱말과 관련 있는 낱말을 써 보세요.

은행	저금	도장	➡	
아끼다	정신	구두쇠	➡	
힘	전기	태양	➡	

짧은 글짓기

주어진 낱말을 이용하여 **보기** 와 같은 형식으로 짧은 글을 지어 보세요.

보기 누가 + 언제 + 무엇을 + 어떻게 했다

부지	
기입장	
현명하다	

낱말 쌈 싸 먹기

알쏭달쏭 헛갈리는 맞춤법, 띄어쓰기, 관용어, 한자어가 이제 한입에 쏙!
하루에 한 쪽씩 맛있게 냠냠 해치우자!

맞춤법 다음 문장에서 ( ) 안의 낱말 중 맞춤법이 맞는 낱말에 ◯표 하세요.

시골 할아버지 댁에는 (널찍한 , 넓직한) 마당이 있다.

띄어쓰기 주어진 두 문장 중 하나에는 띄어쓰기가 틀린 부분이 있습니다. 둘 중 바르게 띄어쓰기를 한 문장을 찾아서 ◯표 하세요.

㉮ 도시를 떠나 시골에 **뿌리 박고** 살겠다.

㉯ 도시를 떠나 시골에 **뿌리박고** 살겠다.

도움말 '어떤 것을 토대로 하여 깊이 자리를 잡다.' 라는 뜻을 가진 한 낱말입니다.

관용어 ☐ 안에 낱말을 넣어서 그림 속 상황과 어울리는 속담이나 격언 등을 만들어 보세요.

☐이 크다

한자어 글의 의미에 맞게 ☐ 안에 들어갈 알맞은 한자어를 **보기** 에서 찾아 써 보세요.

그는 우리나라의 전통 ☐☐ 인 김치와 전통 의상인 ☐☐ 의 우수성을 알리고 있다.

보기 · 食事   · 飲食   · 洋服   · 韓服

공부를 시작하기 전에 가볍게 머리를 풀어 보아요!

가로·세로 낱말 만들기

 주어진 글자를 연결하여 27 회에 공부한 낱말을 만들어 보세요.

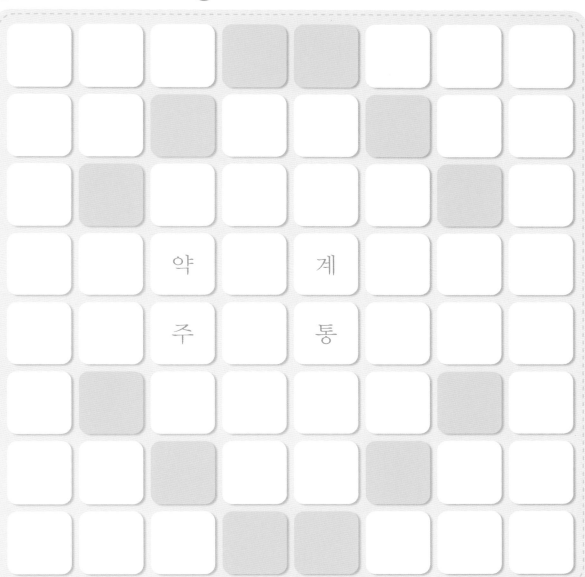

약	문	부	장	가
계	통	주	절	지

★ 도전 시간 | **1분**

★ 만들 낱말 수 | **5개**

★ 만든 낱말 수 | 개

낱말은 쏙쏙! 생각은 쑥쑥!

그림으로 낱말 찾기

지시선이 가리키는 그림을 보고 사물의 이름이나 행동, 상태 등에 해당하는 낱말을 보기 에서 찾아 □ 안에 쓰세요.

❶ 이름씨

❷ 이름씨

❸ 이름씨

❹ 이름씨

❺ 움직씨

보기 • 모함 • 목발 • 비사치기 • 서투르다 • 엎다 • 온돌 • 잠수함 • 투수 • 편견 • 포수

낱말 뜻 알기

□ 안에는 어떤 낱말의 첫 글자가 쓰여 있습니다. 이 첫 글자를 참고하여 □에 알맞은 말을 넣어 낱말 풀이를 완성해 보세요.

❶ 편견 : 공 □ 하지 못하고 한쪽으로 치 □ □ 생각.

❷ 모함 : 나 □ 꾀로 남을 어 □ □ 처지에 빠지게 함.

❸ 목발 : 다 □ 가 불편한 사람이 겨드랑이에 끼고 걷는 지 □ □ .

❹ 포수 : 야 □ 에서, 본루를 지키며 투 □ 가 던지는 공을 받는 선수.

❺ 비사치기 : 아이들 놀이의 하나. 손 □ □ 만 한 납 □ □ 돌을 세워 놓고 얼마쯤 떨어진 곳에서 돌을 던져 맞히거나 발로 돌을 차서 맞혀 넘어뜨린다.

 **낱말 친구 사총사**

다음 보기 의 글에서 밑줄 친 말이 뜻하는 것을 올바르게 말하고 있는 친구는 누구인지 고르세요.

> 보기   **서투른 무당이 장구만 나무란다**더니 괜히 줄넘기 탓만 하고 있네.

❶  자기 솜씨가 모자란 것은 모르고 도구나 조건만 탓한다는 뜻이야.

❷  자기가 실수한 것은 생각하지 않고 다른 사람 탓만 한다는 뜻이야.

❸  능력이 없는 사람이 함부로 일을 벌이다가 큰일을 저지른다는 뜻이야.

❹  서투른 사람이 도구를 이용해 다른 사람들을 속여 넘긴다는 뜻이야.

 **연상되는 낱말 찾기**

다음은 세 낱말을 보고 공통으로 연상되는 낱말을 찾는 문제입니다. 세 낱말과 관련 있는 낱말을 써 보세요.

야구	공	던지다	⟶	
아랫목	방바닥	따뜻하다	⟶	
배	물속	전투	⟶	

 **짧은 글짓기**

주어진 낱말을 이용하여 보기 와 같은 형식으로 짧은 글을 지어 보세요.

> 보기   왜 + 누가 + 무엇을 + 어떻게 했다

편견	
모함	
엎다	

낱말 쌈 싸 먹기

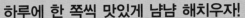 알쏭달쏭 헷갈리는 맞춤법, 띄어쓰기, 관용어, 한자어가 이제 한입에 쏙! **하루에 한 쪽씩 맛있게 냠냠 해치우자!**

맞춤법 다음 문장에서 맞춤법이 틀린 낱말을 찾아 바르게 고쳐 써 보세요.

승환이는 눈설미가 있고 영리하다.　　　(　　　　　) → (　　　　　)

띄어쓰기 주어진 두 문장 중 하나에는 띄어쓰기가 틀린 부분이 있습니다. 둘 중 바르게 띄어쓰기를 한 문장을 찾아서 ○표 하세요.

㉮ **당열차**는 5분 뒤에 출발하겠습니다.　　　　　**㉯** **당 열차**는 5분 뒤에 출발하겠습니다.

도움말 '당'은 뒷말을 꾸며주는 낱말로 사용되었습니다.

관용어 □ 안에 낱말을 넣어서 그림 속 상황과 어울리는 관용구나 속담을 만들어 보세요.

지난번에는 우리한테 붙더니만

난 너희처럼 날개가 있어.

짐승

날짐승

□에 붙었다
□□에 붙었다 한다

한자어 글의 의미에 맞게 □ 안에 들어갈 알맞은 사자성어를 **보기**에서 찾아 써 보세요.

□□□□이라고, 그의 말은 단순한 농담이 아니라 다른 뜻이 있는 것 같았다.

보기 ・언중유골(言中有骨) 　　・수수방관(袖手傍觀) 　　・우문현답(愚問賢答)

공부를 시작하기 전에 가볍게 머리를 풀어 보아요!

가로·세로 낱말 만들기

주어진 글자를 연결하여 **28** 회에 공부한 낱말을 만들어 보세요.

			편				
			모		온		
				기			

견	돌	사	함	기
치	모	편	비	온

★ 도전 시간 | **1분**

★ 만들 낱말 수 | **4개**

★ 만든 낱말 수 | **개**

낱말은 쏙쏙! 생각은 쑥쑥!

 **그림으로 낱말 찾기**

지시선이 가리키는 그림을 보고 사물의 이름이나 행동, 상태 등에 해당하는 낱말을 **보기**에서 찾아 □ 안에 쓰세요.

❶ 움직씨

❷ 이름씨

❸ 움직씨

❹ 움직씨

❺ 움직씨

보기 ・가열 ・덫 ・데다 ・부풀다 ・부피 ・빙산 ・식히다 ・오염 ・찌그러지다 ・콘크리트

 **낱말 뜻 알기**

□ 안에는 어떤 낱말의 첫 글자가 쓰여 있습니다. 이 첫 글자를 참고하여 □에 알맞은 말을 넣어 낱말 풀이를 완성해 보세요.

❶ **덫** : 짐□□ 을 꾀어 잡는 기구.

❷ **데다** : 불이나 뜨□□ 기운으로 말미암아 살이 상하다.

❸ **부피** : 넓이와 높□ 를 가진 물건이 공□ 에서 차지하는 크기.

❹ **빙산** : 빙□ 에서 떨어져 나와 호수나 바다에 흘러 다니는 얼□□□ .

❺ **콘크리트** : 시멘트에 모□ 와 자갈, 골재 따위를 적당히 섞고 물에 반□□ 혼합물. 집을 짓거나 도로, 다리 같은 것을 만드는 데 쓴다.

 **낱말 친구 사총사**

다음 [보기]의 글에서 밑줄 친 말이 뜻하는 것을 올바르게 말하고 있는 친구는 누구인지 고르세요.

[보기] 네가 그 아이에 대해 알고 있는 건 **빙산의 일각**이야.

 ❶ 어떤 사람이나 사실에 대해 모든 걸 알고 있다는 뜻이야.

 ❷ 어떤 사람이나 사실에 대해 알고 있는 것이 모두 거짓이라는 뜻이야.

 ❸ 대부분이 드러나 있고 숨겨져 있는 것은 극히 일부분에 지나지 않는다는 뜻이야.

 ❹ 대부분이 숨겨져 있고 겉으로 드러나 있는 것은 극히 일부분에 지나지 않는다는 뜻이야.

 **연상되는 낱말 찾기**

다음은 세 낱말을 보고 공통으로 연상되는 낱말을 찾는 문제입니다. 세 낱말과 관련 있는 낱말을 써 보세요.

쥐	속임수	잡다	→	
매연	환경	더럽다	→	
도시	시멘트	건물	→	

 **짧은 글짓기**

주어진 낱말을 이용하여 [보기]와 같은 형식으로 짧은 글을 지어 보세요.

[보기] 누가 + 어디에서 + 무엇을 + 어떻게 했다.

부풀다	
식히다	
찌그러지다	

낱말 쌈 싸 먹기

알쏭달쏭 헷갈리는 맞춤법, 띄어쓰기, 관용어, 한자어가 이제 한입에 쏙!
하루에 한 쪽씩 맛있게 냠냠 해치우자!

맞춤법 다음 문장에서 ( ) 안의 낱말 중 맞춤법이 맞는 낱말에 ○표 하세요.

어머니는 편찮으신 할머니를 위해 보약을 (다렸다 , 달였다)

띄어쓰기 주어진 두 문장 중 하나에는 띄어쓰기가 틀린 부분이 있습니다. 둘 중 바르게 띄어쓰기를 한 문장을 찾아서 ○표 하세요.

㉮ 사실 오래전부터 너를 **눈여겨보았어.**　　　　㉯ 사실 오래전부터 너를 **눈여겨 보았어.**

도움말 '주의 깊게 잘 살펴보다.' 라는 뜻을 가진 한 낱말입니다.

관용어 □ 안에 낱말을 넣어서 그림 속 상황과 어울리는 속담이나 격언 등을 만들어 보세요.

> 빨리 뛰어!
> 선착순이야!

헥헥!

□□를 다투다

한자어 글의 의미에 맞게 □ 안에 들어갈 알맞은 한자어를 **보기**에서 찾아 써 보세요.

사람이 □□의 영장이 된 것은 불을 □□할 줄 알았기 때문이다.

보기 ・千萬　　・萬物　　・用度　　・利用

가로·세로 낱말 만들기

30

 주어진 글자를 연결하여 29 회에 공부한 낱말을 만들어 보세요.

		산	부				
			리				

리	다	데	빙	트
산	콘	풀	크	부

★ 도전 시간	1분
★ 만들 낱말 수	4개
★ 만든 낱말 수	개

낱말은 쏙쏙! 생각은 쑥쑥!

낱말 영역 |

걸린 시간 | 　분　　초

지시선이 가리키는 그림을 보고 사물의 이름이나 행동, 상태 등에 해당하는 낱말을 보기 에서 찾아 ☐ 안에 쓰세요.

❸ 움직씨

❹ 움직씨

❶ 이름씨

❷ 이름씨

❺ 이름씨

보기 ・경쾌하다 ・굴렁쇠 ・나선 ・널 ・동아줄 ・지탱하다 ・창작 ・투호 ・튀다 ・폭발

낱말 뜻 알기

☐ 안에는 어떤 낱말의 첫 글자가 쓰여 있습니다. 이 첫 글자를 참고하여 ☐에 알맞은 말을 넣어 낱말 풀이를 완성해 보세요.

❶ **지탱** : 어떤 것을 [쓰]☐☐☐ 않게 받치다.

❷ **나선** : 물체의 겉모양이 [소]☐ 껍데기처럼 빙빙 [비]☐☐ 것.

❸ **창작** : [예]☐ 작품을 [독]☐☐으로 지어냄. 또는 그 예술 작품.

❹ **경쾌하다** : 움직임이나 모습, [기]☐ 따위가 [가]☐☐ 상쾌하다.

❺ **투호** : 두 사람이 일정한 거리에서 청・홍의 [화]☐을 던져 병 속에 많이 넣는 수효로 [승]☐를 가리는 놀이.

낱말 친구 사총사

다음 밑줄 친 낱말의 의미가 다른 셋과 같지 <u>않은</u> 것은 어느 것인지 고르세요.

❶ 형이 찬 공이 아깝게 골대를 맞고 **튀어** 나갔어.

❷ 상자에서 갑자기 용수철 인형이 **튀어** 나와서 깜짝 놀랐어.

❸ 우리 모둠은 팝콘 **튀는** 소리와 모양을 몸으로 표현하였어.

❹ 새로 산 공이 잘 **튀지** 않아서 바꿔 달라고 했어.

연상되는 낱말 찾기

다음은 세 낱말을 보고 공통으로 연상되는 낱말을 찾는 문제입니다. 세 낱말과 관련 있는 낱말을 써 보세요.

판자	시소	뛰다	⟶	
화약	다이너마이트	터지다	⟶	
전래동화	줄다리기	굵다	⟶	

짧은 글짓기

주어진 낱말을 이용하여 **보기** 와 같은 형식으로 짧은 글을 지어 보세요.

> **보기** 누가 + 언제 + 어디에서 + 무엇을 + 어떻게 했다

창작	
굴렁쇠	
경쾌하다	

낱말 쌈 싸 먹기

알쏭달쏭 헛갈리는 맞춤법, 띄어쓰기, 관용어,
사자성어가 이제 한 입에 쏙!
하루에 한 쪽씩 맛있게 냠냠 해치우자!

맞춤법 다음 문장에서 맞춤법이 틀린 낱말을 찾아 바르게 고쳐 써 보세요.

거짓말쟁이 준서의 말을 고지들을 친구는 없다.　　　(　　　　　) → (　　　　　)

띄어쓰기 주어진 두 문장 중 하나에는 띄어쓰기가 틀린 부분이 있습니다. 둘 중 바르게 띄어쓰기를 한
문장을 찾아서 ○표 하세요.

㉮ **고이 고이** 키운 딸을 시집보내기 싫었다.　　　　㉯ **고이고이** 키운 딸을 시집보내기 싫었다.

도움말 '매우 소중하게' 라는 뜻을 가진 한 낱말입니다.

관용어 □ 안에 낱말을 넣어서 그림 속 상황과 어울리는 속담이나 격언 등을 만들어 보세요.

> 멋지지! 이거 이천 원 주고 샀다.
>
> 야, 그거 원래 오백원에 파는 거야.
>
> 쯧쯧, 완전 속았군.

□□□를 쓰다

한자어 글의 의미에 맞게 □ 안에 들어갈 알맞은 사자성어를 **보기** 에서 찾아 써 보세요.

□□□□이라더니, 자기가 실수를 해 놓고 오히려 우리한테 화를 내었다.

보기 ・자화자찬(自畵自讚)　　・자업자득(自業自得)　　・적반하장(賊反荷杖)

한글 맞춤법
알아보기

공습국어 어휘력의 낱말 쌈 싸먹기 꼭지에서는 맞춤법과 띄어쓰기, 그리고 관용어와 관련된 문제를 풀게 됩니다. 그런데 맞춤법이나 띄어쓰기의 경우 미리 약속한 규칙이 있어서 이를 잘 알지 못하면 문제를 풀기 쉽지 않습니다. 따라서 문제를 풀기 전에 맞춤법과 띄어쓰기에 관련하여 약속된 규칙을 꼼꼼히 살펴보는 것이 필요합니다.

한글 맞춤법 알아보기에서는 국립국어원의 한글 맞춤법과 표준어 규정 중에서 낱말 쌈 싸먹기의 맞춤법과 띄어쓰기에 나오는 낱말에 해당하는 규칙들을 살펴 볼 것입니다. 문법 용어나 설명하는 내용이 다소 어렵게 느껴지겠지만 문제를 풀기 위해서 꼭 알아두어야 할 규칙이므로 자주 읽어보면서 머릿속에 기억해 두기 바랍니다.

★ 맞춤법과 띄어쓰기와 관련된 용어 및 설명은 국립국어원 홈페이지(www.korean.go.kr)의 어문 규정을 따랐음을 밝힙니다. 아울러 지면상 본 교재에서 다루지 못한 부분이나 맞춤법과 띄어쓰기에 관련된 좀 더 자세한 정보는 국립국어원 홈페이지를 참고해 주시기 바랍니다.

한글 맞춤법의 기본 원칙

한글 맞춤법 총칙 1장 1항에 보면 '한글 맞춤법은 표준어를 소리대로 적되, 어법에 맞도록 함을 원칙으로 한다.' 라고 되어 있습니다. 우리말은 표음문자, 즉 말소리를 그대로 기호로 나타낸 문자이기 때문에 소리대로 글자를 적지만 모든 낱말을 소리대로 적을 수는 없습니다. 왜냐하면 우리말에는 소리가 비슷한 낱말들이 많이 있고 같은 글자라도 어떤 글자와 결합하느냐에 따라 소리가 달라져서 소리대로 적을 경우 그 뜻을 분간하기 어렵기 때문입니다. 꽃을 예를 들어 설명해 볼까요?

• 꽃이 ➡ 꼬치	• 꽃나무 ➡ 꼰나무	• 꽃밭 ➡ 끋빧

위와 같이 소리대로 적으면 '꽃' 이라고 하는 원래 모양이 사라져 버리고 글자 모양도 매번 달라져서 뜻을 파악하기가 매우 불편해 집니다. 그래서 소리대로 적긴 하지만 원래 모양을 밝혀 적어야 함을 원칙으로 세운 것입니다.

그럼 맞춤법에 맞게 글을 쓰기 위해 알아 두어야 할 몇 가지 규칙을 살펴볼까요?

● 된소리가 나지만 된소리로 적지 않는 경우

된소리는 'ㄲ, ㄸ, ㅃ, ㅆ, ㅉ'으로 발음되는 소리입니다. 다음은 된소리가 나지만 된소리로 적지 않는 경우입니다.

• 국수(O), 국쑤(×)	• 깍두기(O), 깍뚜기(×)	• 갑자기(O), 갑짜기(×)
• 법석(O), 법썩(×)	• 뚝배기(O), 뚝빼기(×)	• 납작하다(O), 납짝하다(×)
• 떡볶이(O), 떡뽁끼(×)	• 몹시(O), 몹씨(×)	• 거꾸로(O), 꺼꾸로(×)
• 고깔(O), 꼬깔(×)	• 눈곱(O), 눈꼽(×)	• 돌부리(O), 돌뿌리(×)

● 예사소리가 아니라 된소리나 거센 소리로 적어야 하는 경우

된소리나 거센 소리로 적어야 하는 낱말 중 예사소리로 적는 것으로 잘못 알고 있는 경우가 있습니다. 다음은 된소리로 적어야 하는 낱말입니다.

• 나무꾼(O), 나뭇군(×)	• 날짜(O), 날자(×)	• 살코기(O), 살고기(×)
• 눈썹(O), 눈섶(×)	• 머리카락(O), 머리가락(×)	• 수탉(O), 수닭(×)
• 팔꿈치(O), 팔굼치(×)		

● 'ㅈ, ㅊ'으로 소리가 나도 'ㄷ, ㅌ'으로 적는 경우

'ㄷ, ㅌ' 받침이 있는 글자 다음에 '이'나 '히'가 와서 'ㅈ, ㅊ'으로 소리가 나더라도 'ㄷ, ㅌ'으로 적습니다.

> • 해돋이(O), 해도지(×) • 끝이(O), 끄치(×) • 닫히다(O), 다치다(×)

● 한자어의 첫소리가 'ㄴ, ㄹ'일 때 'ㅇ'으로 적는 경우

한자음 '녀, 뇨, 뉴, 니'가 낱말의 첫머리에 올 적에는, '여, 요, 유, 이'로 적습니다. 또한 한자음 '랴, 려, 례, 료, 류, 리'가 낱말의 첫머리에 올 때에도, '야, 여, 예, 요, 유, 이'로 적습니다.

> • 여자(O), 녀자(×) • 연세(O), 년세(×) • 요소(O), 뇨소(×)
> • 양심(O), 량심(×) • 역사(O), 력사(×) • 예의(O), 례의(×)

● 한자어의 첫소리가 'ㄹ'일 때 'ㄴ'으로 적는 경우

한자음 '라, 래, 로, 뢰, 루, 르'가 단어의 첫머리에 올 적에는, '나, 내, 노, 뇌, 누, 느'로 적습니다.

> • 낙원(O), 락원(×) • 내일(O), 래일(×) • 노동(O), 로동(×)

● 받침소리가 원래 글자와 다른 경우

우리말 받침소리는 'ㄱ, ㄴ, ㄷ, ㄹ, ㅁ, ㅂ, ㅇ'의 7개 자음만 발음하지만 받침에는 쌍자음을 비롯하여 모든 자음을 쓸 수 있습니다. 따라서 소리 나는 대로 받침을 적을 경우 틀릴 수 있으니 주의해야 합니다.

> • 곶감(O), 곧깜(×) • 갓길(O), 갇낄(×) • 곳간(O), 곧깐(×)
> • 깎다(O), 깍따(×) • 꺾다(O), 꺽따(×) • 닦다(O), 닥따(×)
> • 굶다(O), 굼따(×) • 넓다(O), 널따(×) • 무릎(O), 무릅(×)
> • 옛날(O), 옌날(×) • 풀잎(O), 풀입(×) • 넋두리(O), 넉두리(×)
> • 여덟(O), 여덜(×) • 이튿날(O), 이튼날(×) • 싫증(O), 실쯩(×)
> • 부엌(O), 부억(×)

● **발음이 비슷하여 잘못 쓰기 쉬운 경우 1**

모음 '네' 와 '내', 그리고 '눼' 는 소리를 구별하기 어려워 잘못 쓰기 쉽습니다.

- 가게(O), 가개(×)
- 핑계(O), 핑게(×)
- 게양(O), 계양(×)
- 어깨(O), 어께(×)
- 돌멩이(O), 돌맹이(×)
- 메밀국수(O), 매밀국수(×)

- 메뚜기(O), 매뚜기(×)
- 절레절레(O), 절래절래(×)
- 휴게실(O), 휴계실(×)
- 지게(O), 지개(×)
- 수수께끼(O), 수수깨끼(×)

- 찌개(O), 찌게(×)
- 게시판(O), 계시판(×)
- 배게(O), 배개(×)
- 지우개(O), 지우게(×)
- 술래잡기(O), 술레잡기(×)

● **발음이 비슷하여 잘못 쓰기 쉬운 경우 2**

모음 'ㅣ' 와 'ㅢ' 는 소리를 구별하기 어려워 잘못 쓰기 쉽습니다.

- 무늬(O), 무니(×)

● **한 낱말 안에서 같은 음절이나 비슷한 음절이 겹쳐 나는 경우**

한글 맞춤법에서는 낱말 안에서 같은 음절이나 비슷한 음절이 겹쳐 나면 같은 글자로 적습니다. 예를 들어 '딱따구리' 는 'ㄸ' 음이 한 낱말에서 겹쳐나기 때문에 '딱다구리' 라고 쓰지 않습니다.

- 짭짤하다(O), 짭잘하다(×)
- 똑딱똑딱(O), 똑닥똑닥(×)

- 씁쓸하다(O), 씁슬하다(×)
- 꼿꼿하다(O), 꼿곳하다(×)

- 씩씩하다(O), 씩식하다(×)
- 밋밋하다(O), 민밋하다(×)

● **'-장이' 로 쓰는 경우와 '-쟁이' 로 쓰는 경우**

기술자를 뜻할 때는 '-장이' 로, 그 외에는 '-쟁이' 로 써야 합니다.

- 멋쟁이(O), 멋장이(×)
- 미장이(O), 미쟁이(×)

- 개구쟁이(O), 개구장이(×)
- 대장장이(O), 대장쟁이(×)

- 난쟁이(O), 난장이(×)
- 겁쟁이(O), 겁장이(×)

● **의성어와 의태어에서 모음조화 현상을 따르지 않는 경우**

모음을 구분할 때 'ㅏ, ㅗ' 따위를 양성 모음이라고 하고, 'ㅓ, ㅜ' 따위를 음성 모음이라고 합니다. 모음조화란 양성 모음은 양성 모음끼리, 음성 모음은 음성 모음끼리 어울리는 현상을 말합니다. '얼룩덜룩', '알록달록' 과 같이 소리나 모양을 흉내 낸 의성어와 의태어의 경우는 모음조화의 원칙에 따라 낱말을 적습니다. 하지만 모음조화 현상을 따르지 않는 예외도 있습니다. 이 예외적인 경우 이외에는 모음조화 현상에 따라 의성어와 의태어를 써야 합니다.

> • 오순도순(O), 오손도손(×) • 깡충깡충(O), 깡총깡총(×) • 소꿉장난(O), 소꼽장난(×)

● **발음에 변화가 일어나 새롭게 정한 표준어**

원래는 둘 다 표준어였지만 자음이나 모음의 발음에 변화가 일어나 하나만 둘 중 하나만 표준어가 된 경우가 있습니다. 표준어와 비표준어를 혼동하지 않도록 주의 합니다.

> • 강낭콩(O), 강남콩(×)   • 며칠(O), 몇일(×)   • 맞추다(O), 마추다(×)
>
> • 부딪치다(O), 부딪히다(×)   • 상추(O), 상치(×)   • 설거지(O), 설겆이(×)
>
> • 빈털터리(O), 빈털털이(×)   • 삐치다(O), 삐지다(×)   • 삼수갑산(O), 산수갑산(×)
>
> • 숟가락(O), 숫가락(×)   • 사글세(O), 삯월세(×)   • 수퇘지(O), 숫돼지(×)
>
> • 짜깁기(O), 짜집기(×)   • 자장면(O), 짜장면(×)   • 우레(O), 우뢰(×)
>
> • 무(O), 무우(×)   • 김치 소(O), 김치 속(×)   • 멀리뛰기(O), 넓이뛰기(×)
>
> • 내로라하다(O), 내노라하다(×)   • 뒤꼍(O), 뒤켠(×)   • 밭다리(O), 밧다리(×)
>
> • 서슴지(O), 서슴치(×)   • 넉넉지(O), 넉넉치(×)   • 수평아리(O), 숫평아리(×)
>
> • 셋째(O), 세째(×)   • 수탉(O), 숫닭(×)   • 암캐(O), 암개(×)
>
> • 없음(O), 없슴(×)   • 엊그저께(O), 엇그저께(×)   • 어쨌든(O), 여쨌든(×)
>
> • 할게(O), 할께(×)   • 해님(O), 햇님(×)   • 예쁘다(O), 이쁘다(×)
>
> • 구절(O), 귀절(×)   • 끼어들다(O), 끼여들다(×)   • 할인(O), 활인(×)
>
> • 미숫가루(O), 미싯가루(×)   • 트림(O), 트름(×)   • 장구(O), 장고(×)
>
> • 홀아비(O), 홀애비(×)   • 쌍둥이(O), 쌍동이(×)

● **뜻을 구별하여 사용해야 하는 낱말**

우리말에는 뜻은 다른데 글자나 발음이 비슷한 낱말이나 둘 이상의 낱말이 비슷한 뜻을 가져서 어떤 낱말을 사용해야 할지 애매한 경우가 많이 있습니다.

- 걸음 : '걷다'의 명사형 / 거름 : 땅을 기름지게 하는 물질
- 바라다 : 그렇게 되었으면 하고 생각하다. / 바래다 : 색이 바래다. 또는 배웅하다.
- 얼음 : 물이 굳은 것 / 어름 : 구역과 구역의 경계점
- 웃옷 : 겉에 입는 옷 / 윗옷 : 위에 입는 옷
- 장사 : 물건을 파는 일 / 장수 : 장사하는 사람
- 짖다 : 소리를 내다. / 짓다 : 무엇을 만들다.
- 가리키다 : 방향이나 대상을 알리다. / 가르치다 : 지식이나 기능을 알게 하다.
- 다르다 : 서로 같지 않다. / 틀리다 : 그르거나 어긋나다.
- 반듯이 : 굽지 않고 바르다. / 반드시 : 틀림없이, 꼭
- 부치다 : 편지나 물건 등을 보내다. / 붙이다 : 떨어지지 않게 하다.
- 잊어버리다 : 생각이 나지 않다. / 잃어버리다 : 물건이 없어져 갖고 있지 않다.
- 늘리다 : 커지거나 많게 되다. / 늘이다 : 원래보다 더 길게 하다.
- 돋구다 : 안경의 도수 따위를 높이다. / 돋우다 : 위로 올려 도드라지거나 높아지게 하다.
- 댕기다 : 불이 옮아 붙다. / 당기다 : 마음이나 몸이 끌리다.
- 다리다 : 다리미로 옷을 문지르다. / 달이다 : 액체 따위를 끓여서 진하게 만들다.
- 비치다 : 빛을 받아 모양이 나타나 보이다. / 비추다 : 빛을 다른 대상이 받게 하다.
- 빌다 : 간청하거나 호소하다. / 빌리다 : 남의 물건이나 돈을 얼마 동안 쓰다.
- 살지다 : 살이 많고 튼실하다. / 살찌다 : 몸에 살이 필요 이상으로 많아지다.
- 벌이다 : 일 따위를 시작하거나 펼쳐 놓다. / 벌리다 : 둘 사이를 넓히거나 멀게 하다.

띄어쓰기의 기본 원칙

한글 맞춤법 1장 2항에 의하면 '문장의 각 단어는 띄어 씀을 원칙으로 한다.'고 되어 있습니다. 그렇다고 모든 낱말을 띄어서 쓰는 것은 아닙니다. '나는 학생입니다.'라는 문장을 보면 '나'와 '는'은 각각 다른 낱말이지만 붙여 쓴 걸 알 수 있습니다. 두 낱말은 붙여 쓴 것은 '는'이 독자적인 의미를 갖고 있지 않기 때문입니다.

이처럼 낱말을 붙여 쓸 때도 있기 때문에 띄어쓰기는 항상 헷갈리지만 몇 가지 규칙을 기억해 두면 띄어쓰기에 대해 자신감을 가질 수 있을 것입니다.

● 조사는 그 앞말에 붙여 쓴다

낱말은 명사(이름씨), 동사(움직씨), 형용사(그림씨), 부사(어찌씨), 조사 등과 같이 품사에 따라 구분할 수 있는데, 조사는 독자적인 의미가 없이 명사 뒤에 붙어 명사를 주어, 목적어, 서술어 등으로 만드는 기능적 역할을 담당합니다.

~까지	학교**까지**
~같이	사자**같이**
~더러	누구**더러**
~처럼	처음**처럼**
~한테	삼촌**한테**
~마저	엄마**마저**

~치고	양반**치고**
~(이)든지	누구**든지**
~조차	너**조차**
~보다	양**보다**
~(은)커녕	짐승은**커녕**
~(이)나마	조금이**나마**

~밖에	너**밖에**
~대로	이**대로**
~에설랑	바다에**설랑**
~마따나	말**마따나**
~마다	사람**마다**
~라야만	너**라야만**

● 의존 명사는 앞말과 띄어 쓴다

의존 명사는 다른 명사에 기대어 쓰는 형식적인 낱말로 조사와 비슷하지만 명사의 성격을 갖고 있기 때문에 조사와는 달리 앞말에 붙여 쓰지 않고 띄어 씁니다. 띄어쓰기를 틀리는 대부분의 경우를 보면 어떤 낱말을 접했을 때 이것이 의존명사인지 아닌지 헷갈려하기 때문입니다. 따라서 의존명사를 확실히 알아두는 것이 띄어쓰기를 잘하는 지름길입니다.

단위나 수량을 나타내는 의존명사					
개	한 **개**, 두 **개**	분	한 **분**, 어떤 **분**	자루	연필 한 **자루**
줄	한 **줄**, 두 **줄**	마리	닭 한 **마리**	다발	꽃 한 **다발**
그루	나무 한 **그루**	켤레	신발 한 **켤레**	방	홈런 한 **방**
근	돼지고기 한 **근**	채	집 한 **채**	포기	풀 한 **포기**

단위나 수량을 나타내는 의존명사

모금	물 한 **모금**	주먹	한 **주먹**	톨	밤 한 **톨**
가지	한 **가지**, 몇 **가지**	척	배 한 **척**	벌	옷 한 **벌**
살	아홉 **살**, 열 **살**	대	차 한 **대**	장	종이 한 **장**

꾸며주는 말 뒤에서 쓰이는 의존명사

지	떠난 **지**	쪽	어느 **쪽**	차	가려던 **차**
만큼	노력한 **만큼**	양	바보인 **양**	터	내일 갈 **터**
채	모르는 **채**	수	이럴 **수**가	만	좋아할 **만**도
척	아는 **척**	데	사는 **데**	자	맞설 **자**가
바	뜻한 **바**	이	아는 **이**	것	어느 **것**
대로	느낀 **대로**	쪽	가까운 **쪽**	분	착한 **분**
탓	게으른 **탓**	듯	자는 **듯**	체	잘난 **체**
줄	그럴 **줄**	딴	제 **딴**에는	나위	더할 **나위**
따름	웃을 **따름**	뿐	보낼 **뿐**	둥	하는 **둥**
때문	너 **때문**	뻔	다칠 **뻔**	따위	너 **따위**
리	그럴 **리**가	나름	하기 **나름**		

두 말을 이어주거나 열거하는 의존명사

등	국어, 수학, 영어 **등**	대	청군 **대** 백군	내지	열 **내지** 스물
겸	차장 **겸** 팀장	및	선생님 **및** 학부모님	등지	광주, 대구 **등지**

호칭이나 관직과 관련된 의존명사

군	홍길동 **군**	박사	아인슈타인 **박사**	씨	이몽룡**씨**

기타 의존명사

편	기차 **편**	통	난리 **통**

● 접사는 낱말의 앞이나 뒤에 붙여 쓴다

접사는 홀로 쓰이지 않고 다른 낱말의 앞에 붙여서 새로운 뜻을 가진 낱말을 만드는 역할을 합니다. 낱말의 앞에 붙을 때는 접두사라고 하고, 뒤에 붙을 때는 접미사라고 합니다. 접사 중에는 관형사나 의존명사와 비슷한 글자가 많아 띄어쓰기를 틀리는 경우가 많으므로 잘 기억해 두세요.

맏	**맏**며느리	맨	**맨**발	풋	**풋**고추
한	**한**가운데	웃	**웃**어른	늦	**늦**더위
날	**날**고기	덧	**덧**버선	햇	**햇**과일
민	**민**소매	개	**개**꿈	돌	**돌**미역
맞	**맞**대결	설	**설**익다	강	**강**타자
홑	**홑**이불	새	**새**까맣다	선	**선**무당
헛	**헛**수고	알	**알**거지	맞	**맞**절
핫	**핫**바지	처	**처**먹다	짝	**짝**사랑
막	**막**노동	엿	**엿**듣다	질	걸레**질**
내	겨우**내**	꾼	구경**꾼**	둥이	귀염**둥이**
뱅이	가난**뱅이**	광	농구**광**	치	중간**치**

● 둘 이상의 낱말이 결합하여 붙여 쓰는 합성명사

명사와 명사가 결합하여 새로운 뜻을 가진 하나의 낱말이 되는 경우 두 낱말을 띄어 쓰지 않고 붙여 씁니다.

겉+모양	겉모양	길+바닥	길바닥	단풍+잎	단풍잎
그림+일기	그림일기	가을+밤	가을밤	말+없이	말없이
기와+집	기와집	꽃+가루	꽃가루	돌+잔치	돌잔치
몸+무게	몸무게	돼지+고기	돼지고기	말+버릇	말버릇
불+장난	불장난	고기잡이+배	고기잡이배	단발+머리	단발머리
막내+딸	막내딸	아침+밥	아침밥	웃음+바다	웃음바다
새끼+손가락	새끼손가락	단골+손님	단골손님	봄+빛	봄빛
밥+상	밥상	호박+엿	호박엿	송이+버섯	송이버섯
비+바람	비바람	바늘+구멍	바늘구멍	밥+그릇	밥그릇
묵+사발	묵사발	조각+구름	조각구름	물+장수	물장수

● 둘 이상의 동사가 결합하여 붙여 쓰는 복합동사

동사와 동사가 결합하여 새로운 뜻을 가진 하나의 낱말이 되는 경우 두 낱말을 띄어 쓰지 않고 붙여 씁니다.

가지다+가다	가져가다	걷다+가다	걸어가다	쫓기다+나다	쫓겨나다
구르다+가다	굴러가다	뛰다+다니다	뛰어다니다	올리다+놓다	올려놓다
찾다+보다	찾아보다	고맙다+하다	고마워하다	바라다+보다	바라보다
내리다+오다	내려오다	즐겁다+하다	즐거워하다	잡다+먹다	잡아먹다
따르다+가다	따라가다	기다+가다	기어가다	솟다+나다	솟아나다
하다+나다	해내다	무섭다+하다	무서워하다	달리다+가다	달려가다
벗다+나다	벗어나다	잡다+당기다	잡아당기다	그립다+하다	그리워하다
데리다+가다	데려가다	내리다+놓다	내려놓다	모이다+들다	모여들다
얻다+먹다	얻어먹다	뛰다+가다	뛰어가다	깨다+나다	깨어나다
잡다+가다	잡아가다	물리다+나다	물러나다	쫓다+가다	쫓아가다
튀다+나오다	뛰어나오다	돌다+가다	돌아가다	뛰다+나가다	뛰쳐나가다
스미다+들다	스며들다	거들뜨다+보다	거들떠보다		

공습국어 초등어휘

정답과 해설

3·4학년　심화 III

주니어김영사

01회 | 16~18쪽

낱말은 쏙쏙! 생각은 쑥쑥!

★ 그림으로 낱말 찾기 ★
❶ 은신처 ❷ 수색하다 ❸ 얼어붙다 ❹ 비장하다 ❺ 무대

★ 낱말 뜻 알기 ★
❶ 군대 ❷ 숨기는 ❸ 슬프, 감정 ❹ 더미, 폐허
❺ 폭탄, 파괴

★ 낱말 친구 사총사 ★
❶

해설 ❷, ❸, ❹에 쓰인 '얼어붙었어, 얼어붙어, 얼어붙은'은 '긴장이나 무서움 때문에 몸이 굳어지다.'라는 뜻으로 사용되었고, ❶에 쓰인 '얼어붙었어'는 '액체나 물기가 있는 물체가 찬 기운 때문에 얼어서 꽉 들러붙다.'라는 뜻으로 사용되었습니다.

★ 연상되는 낱말 찾기 ★
아군, 잿더미, 무대

★ 짧은 글짓기 ★
• 예 군인들은 적군을 찾기 위해 나무가 우거진 숲을 샅샅이 수색했다.
• 예 연합군이 나치 세력을 소탕하기 위해 적군의 은신처를 폭격했다.
• 예 그는 어머니를 잃은 슬픔을 이기려고 애써 비장한 표정을 지었다.

낱말 쌈 싸 먹기

★ 맞춤법 ★
수강아지 → 수캉아지

해설 '수캉아지'는 '강아지의 수컷'이라는 뜻으로 '수강아지'로 잘못 쓰기 쉬운 말입니다. '암닭(×) → 암탉(○)', '암돼지(×) → 암퇘지(○)', '수병 아리(×) → 수평아리(○)' 등 다음 단어에서는 접두사 다음에 나는 거센소 리를 인정하기 때문에 바르게 기억하여 둡니다.

★ 띄어쓰기 ★
㉮

해설 '사리'는 국수, 새끼, 실 따위의 뭉치 자체를 뜻하거나 그것을 세 는 단위로, 앞말과 띄어 씁니다.

★ 관용어 ★
약

해설 그림은 친구를 밀어서 넘어뜨려 놓고 친구가 다치자 반창고를 건 네는 상황을 표현하고 있습니다. 이런 상황과 어울리는 속담에는 '병 주고 약 준다'가 있습니다. '병 주고 약 준다'는 '남을 해치고 나서 약을 주며 그

를 구원하는 체한다는 뜻으로, 교활하고 음흉한 자의 행동을 비유적으로 이 르는 말'이라는 뜻을 갖고 있습니다.

★ 한자어 ★
결자해지(結者解之)

해설 • 공명정대(公明正大) : 마음이 공평하고 사심이 없으며 밝고 크다 는 뜻으로, 하는 일이나 태도가 사사로움이나 그릇됨이 없이 아주 정당하 고 떳떳함을 이르는 말.
• 결자해지(結者解之) : 일을 맺은 사람이 풀어야 한다는 뜻으로, 일을 저지 른 사람이 그 일을 해결해야 함을 이르는 말.
• 사면초가(四面楚歌) : 사방에서 들리는 초나라의 노래라는 뜻으로, 아무에 게도 도움을 받지 못하는 외롭고 곤란한 지경에 빠진 형편을 이르는 말.

02회 | 20~22쪽

낱말은 쏙쏙! 생각은 쑥쑥!

★ 그림으로 낱말 찾기 ★
❶ 그래프 ❷ 식수 ❸ 예산 ❹ 둘러보다 ❺ 질문지

★ 낱말 뜻 알기 ★
❶ 용도 ❷ 공사, 완성 ❸ 질문, 종이 ❹ 의견, 토의
❺ 국가, 복지

★ 낱말 친구 사총사 ★
❷

해설 ❶, ❸, ❹에 쓰인 '식수'는 '먹을 용도의 물'이라는 뜻으로 사용되 었고, ❷에 쓰인 '식수'는 '나무를 심음'이라는 뜻으로 사용되었습니다.

★ 연상되는 낱말 찾기 ★
그래프, 공공시설, 예산

★ 짧은 글짓기 ★
• 예 건물을 완공하는 날이 가까워오자, 어제도 직원들은 일 터에 나와 작업을 했다.
• 예 오늘 오후에 장관 일행이 공장을 둘러볼 예정이다.
• 예 내일 학생 대표들이 모여 학생 복지에 대한 주요 안건을 논의하기로 했다.

낱말 쌈 싸 먹기

★ 맞춤법 ★
며칠

해설 '며칠'은 '몇일'로 잘못 쓰기 쉬운 말입니다. 어원이 분명하지 않 은 것은 원형을 밝히어 적지 아니한다는 규정에 의해 '며칠'만 바른 표준어 로 쓰기 때문에 바르게 기억하여 둡니다.

★ 띄어쓰기 ★

㉮

해설 '값비싸다'는 '값'과 '비싸다'가 하나로 합쳐져서 쓰이는 한 낱말입니다.

★ 관용어 ★

사공, 배

해설 그림은 반 장기자랑을 무엇으로 할지 정해야 하는데 저마다 자기 의견만 내세워서 결정이 나지 않는 상황을 표현하고 있습니다. 이런 상황과 어울리는 속담에는 '사공이 많으면 배가 산으로 간다'가 있습니다. '사공이 많으면 배가 산으로 간다'는 '여러 사람이 저마다 제 주장대로 배를 몰려고 하면 결국에는 배가 물로 못 가고 산으로 올라간다는 뜻으로, 주관하는 사람 없이 여러 사람이 자기주장만 내세우면 일이 제대로 되기 어려움을 비유적으로 이르는 말'이라는 뜻을 갖고 있습니다.

★ 한자어 ★

石油(석유), 強國(강국)

03회 | 24~26쪽

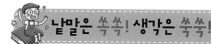

★ 그림으로 낱말 찾기 ★

❶ 재배하다 ❷ 꽃삽 ❸ 병충해 ❹ 필기도구 ❺ 트다

★ 낱말 뜻 알기 ★

❶ 영양, 성분 ❷ 식물, 가꾸다 ❸ 나쁜, 보완, 고침
❹ 열매, 껍질 ❺ 예방

★ 낱말 친구 사총사 ★

❸

해설 ❶, ❷, ❹에 쓰인 '튼, 텄어'는 '식물의 싹, 움, 순 따위가 벌어지다.'라는 뜻으로 사용되었고, ❸에 쓰인 '텄어'는 '너무 마르거나 춥거나 하여 틈이 생겨서 갈라지다.'라는 뜻으로 사용되었습니다.

★ 연상되는 낱말 찾기 ★

필기도구, 병충해, 꼬투리

★ 짧은 글짓기 ★

• 예 우리 마을에서는 청년들이 농사 방법을 개량하기 위해 애쓰고 있다.

• 예 우리 아파트에서 주민들이 단체로 소독을 했다.

• 예 기름진 땅에서 자라는 나무가 양분을 많이 흡수해서 잘 자란다.

낱말 쌈 싸 먹기

★ 맞춤법 ★

띠엄띠엄 → 띄엄띄엄

해설 '띄엄띄엄[띠엄띠엄]'은 '띠엄띠엄'으로 잘못 쓰기 쉬운 말입니다. '붙어 있거나 가까이 있지 않고 조금 떨어져 있는 모양'이나 '계속하여서 하지 아니하고 어느 정도 일정한 사이를 두고 하는 모양'을 뜻하는 단어는 '띄엄띄엄'이므로 바르게 기억하여 둡시다.

★ 띄어쓰기 ★

㉮

해설 '현'은 '현재의' 또는 '지금의'라는 뜻을 나타내는 관형사로, 뒷말과 띄어 씁니다.

★ 관용어 ★

문턱

해설 그림은 조금 전에 가게에 왔다갔는데 또다시 아이스크림을 사러 온 상황을 표현하고 있습니다. 이런 상황과 어울리는 관용구에는 '문턱이 닳도록 드나들다'가 있습니다. '문턱이 닳도록 드나들다'는 '매우 자주 빈번하게 드나들다.'라는 뜻을 갖고 있습니다.

★ 한자어 ★

난공불락(難攻不落)

해설 • 난공불락(難攻不落) : 공격하기가 어려워 쉽사리 함락되지 않음을 이르는 말.
• 기고만장(氣高萬丈) : 기운이 만 장이나 뻗치었다는 뜻으로, 펄펄 뛸 만큼 대단히 성이 나거나 일이 뜻대로 잘될 때, 우쭐하여 뽐내는 기세가 대단함을 이르는 말.
• 선견지명(先見之明) : 앞을 내다보는 지혜라는 뜻으로, 어떤 일이 일어나기 전에 미리 앞으로 일어날 일을 예측하는 지혜로움을 이르는 말.

04회 | 28~30쪽

낱말은 쏙쏙! 생각은 쑥쑥!

★ 그림으로 낱말 찾기 ★

❶ 모눈종이 ❷ 컴퍼스 ❸ 재다 ❹ 각도기 ❺ 삼각자

★ 낱말 뜻 알기 ★

❶ 종류, 가르다 ❷ 그대로, 만들다 ❸ 간격, 세로, 가로
❹ 각도, 눈금 ❺ 집합, 사각형

★ 낱말 친구 사총사 ★

❶

해설 ❷, ❸, ❹에 쓰인 '쟀어, 재어, 쟀더니'는 '자, 저울 따위의 계기를

이용하여 길이, 너비, 높이, 깊이, 무게, 온도, 속도 따위의 정도를 알아보다.'라는 뜻으로 사용되었고, ❶에 쓰인 '재기만'은 '잘난 척하며 으스대거나 뽐내다.'라는 뜻으로 사용되었습니다.

★ 연상되는 낱말 찾기 ★

도형, 컴퍼스, 삼각자

★ 짧은 글짓기 ★

• 예 심사위원들은 남의 그림을 본뜬 작품을 심사에서 탈락시켰다.
• 예 나는 책상 위의 도형들을 삼각형과 사각형, 원으로 분류했다.
• 예 누나는 포장지를 자르기 전에 먼저 선물의 크기를 자로 쟀다.

★ 맞춤법 ★

미장이

해설 '미장이'는 '건축 공사에서 벽이나 천장, 바닥 따위에 흙, 회, 시멘트 따위를 바르는 일을 직업으로 하는 사람'이라는 뜻으로 '미쟁이'로 잘못 쓰기 쉬운 말입니다. 기술자에게는 '-장이', 그 외에 성격이나 개인의 특성을 나타내는 낱말들에는 '-쟁이'가 붙는 형태를 표준어로 삼기 때문에 바르게 기억하여 둡니다.

★ 띄어쓰기 ★

㉯

해설 '들여보내다'는 '안이나 속으로 들어가게 하다.'라는 뜻으로, 붙여서 한 낱말로 씁니다.

★ 관용어 ★

서당, 풍월

해설 그림은 날마다 밥하는 걸 보았더니 엄마가 끓인 찌개의 맛을 정확하게 간을 보는 상황을 표현하고 있습니다. 이런 상황과 어울리는 속담에는 '서당 개 삼 년에 풍월을 읊는다'가 있습니다. '서당 개 삼 년에 풍월을 읊는다'는 '서당에서 삼 년 동안 살면서 매일 글 읽는 소리를 듣다 보면 개조차도 글 읽는 소리를 내게 된다는 뜻으로, 어떤 분야에 대하여 지식과 경험이 전혀 없는 사람이라도 그 부문에 오래 있으면 얼마간의 지식과 경험을 갖게 된다는 것을 비유적으로 이르는 말'이라는 뜻을 갖고 있습니다.

★ 한자어 ★

成長(성장), 學者(학자)

05회 | 32~34쪽

★ 그림으로 낱말 찾기 ★

❶ 오케스트라 ❷ 연주하다 ❸ 악보 ❹ 지휘 ❺ 관객

★ 낱말 뜻 알기 ★

❶ 노랫말 ❷ 악기, 들려주다 ❸ 어린이, 노래
❹ 공연, 사람 ❺ 높이, 소리

★ 낱말 친구 사총사 ★

❷

해설 ❶, ❸, ❹에 쓰인 '지휘'는 '합창·합주 따위에서, 많은 사람의 노래나 연주가 예술적으로 조화를 이루도록 앞에서 이끄는 일'이라는 뜻으로 사용되었고, ❷에 쓰인 '지휘'는 '목적을 효과적으로 이루기 위하여 단체의 행동을 통솔함'이라는 뜻으로 사용되었습니다.

★ 연상되는 낱말 찾기 ★

오케스트라, 악보, 동요

★ 짧은 글짓기 ★

• 예 일주일 전에 나는 오케스트라의 공연을 보고, 멋진 화음에 무척 감동을 받았다.
• 예 죽기 직전에 그는 자신의 작품 가운데 가장 유명한 곡을 작사하였다.
• 예 어제 오후에 우리는 다같이 모여 마지막으로 악기를 연주하였다.

★ 맞춤법 ★

뭇돈 → 목돈

해설 '목돈'은 '한몫이 될 만한, 비교적 많은 돈'이라는 뜻으로 '뭇돈'으로 잘못 쓰기 쉬운 말이기 때문에 바르게 기억하여 둡니다.

★ 띄어쓰기 ★

㉮

해설 '오나가나'는 '어디를 가나 늘 다름없이'라는 뜻으로, 붙여서 한 낱말로 씁니다.

★ 관용어 ★

말

해설 그림은 괜히 친구한테 시비를 걸며 한 대 때렸다가 도리어 더 많이 맞은 상황을 표현하고 있습니다. 이런 상황과 어울리는 속담에는 '되로 주고 말로 받는다'가 있습니다. '되로 주고 말로 받는다'는 '조금 주고 그 대가로 몇 곱절이나 많이 받는 경우를 비유적으로 이르는 말'이라는 뜻을 갖고 있습니다.

추풍낙엽(秋風落葉)

해설 ·추풍낙엽(秋風落葉) : 가을바람에 떨어지는 나뭇잎이라는 뜻으로, 어떤 형세나 세력이 갑자기 기울어지거나 헤어져 흩어지는 모양을 비유적으로 이르는 말.
·일사천리(一瀉千里) : 강물이 빨리 흘러 천 리를 간다는 뜻으로, 어떤 일이 거침없이 빨리 진행됨을 이르는 말.
·금지옥엽(金枝玉葉) : 금으로 된 가지와 옥으로 된 잎이라는 뜻으로, 임금의 가족이나 귀한 자손을 이르는 말.

06회 | 36~38쪽

낱말은 쏙쏙! 생각은 쑥쑥!

★ 그림으로 낱말 찾기 ★
❶ 둥지 ❷ 부리 ❸ 바지랑대 ❹ 처마 ❺ 곳간

★ 낱말 뜻 알기 ★
❶ 지붕 ❷ 악조건, 고생 ❸ 빨랫줄, 막대기
❹ 이리저리, 생각 ❺ 신통, 재간

★ 낱말 친구 사총사 ★
❷

해설 ❶, ❸, ❹에 쓰인 '조화'는 '어떻게 이루어진 것인지 알 수 없을 정도로 신통하게 된 일. 또는 일을 꾸미는 재간'이라는 뜻으로 사용되었고, ❷에 쓰인 '조화'는 '서로 잘 어울림'이라는 뜻으로 사용되었습니다.

★ 연상되는 낱말 찾기 ★
둥지, 부리, 곳간

★ 짧은 글짓기 ★
·예 누나는 어떻게든 대학에 들어가고 싶어서 등록금을 모으는 방법을 궁리하였다.
·예 우리가 세계 최고가 되려면 지금의 어려움을 극복해야만 한다.
·예 아기 새는 독립을 하기 위해 안락한 둥지를 떠나기로 마음을 먹었다.

낱말 쌈 싸 먹기

★ 맞춤법 ★
붉으락푸르락

해설 '붉으락푸르락'은 '몹시 화가 나거나 흥분하여 얼굴빛 따위가 붉게 또는 푸르게 변하는 모양'이라는 뜻으로 '불그락푸르락'으로 잘못 쓰기 쉬운 말입니다. 우리말은 의성어나 의태어를 다양하게 나타낼 수 있지만 사

전에 실린 표준어는 한 형태이므로 바르게 기억하여 둡니다.

★ 띄어쓰기 ★
㉮

해설 '필'은 말이나 소를 세는 단위로, 앞말과 띄어 씁니다.

★ 관용어 ★
온실

해설 그림은 한 아이가 친구들이 모두 다 하는 교실 청소를 어려워서 못 하는 상황을 표현하고 있습니다. 이런 상황과 어울리는 관용구에는 '온실 속의 화초'가 있습니다. '온실 속의 화초'는 '어려움이나 고난을 겪지 않고 그저 곱게만 자란 사람을 비유적으로 이르는 말'이라는 뜻을 갖고 있습니다.

★ 한자어 ★
後代(후대), 子孫(자손)

07회 | 40~42쪽

낱말은 쏙쏙! 생각은 쑥쑥!

★ 그림으로 낱말 찾기 ★
❶ 허물다 ❷ 자재 ❸ 제안하다 ❹ 주차장 ❺ 설계하다

★ 낱말 뜻 알기 ★
❶ 사상 ❷ 만들기, 재료 ❸ 의논, 의견 ❹ 대책, 방법
❺ 홍수, 지진, 재해

★ 낱말 친구 사총사 ★
❹

해설 ❶, ❷, ❸에 쓰인 '지진, 해일, 태풍'은 '피할 수 없는 자연 현상으로 인하여 일어나는 재해'이므로 자연재해에 포함되지만, ❹에 쓰인 '교통사고'는 '운행 중이던 자동차나 기차 따위가 사람을 치거나 다른 교통 기관과 충돌하는 따위 교통상의 사고'라는 뜻으로 자연재해에 포함되지 않습니다.

★ 연상되는 낱말 찾기 ★
자연재해, 주차장, 설계하다

★ 짧은 글짓기 ★
·예 내년에 우리 동네에서는 주민들의 친목을 위해 모든 담장이 허물기로 했다.
·예 어제 오후에 회의실에서 두 회사 간의 기술 교류를 위해 계약이 이루어졌다.
·예 지난주에 평창에서는 동계 올림픽 개최를 위한 결의 대회가 있었다.

낱말 쌈 싸 먹기

★ 맞춤법 ★

불이나게 → 부리나케

해설 '부리나케'는 '불이나게'로 잘못 쓰기 쉬운 말입니다. 둘 이상의 단어가 어울리거나 접두사가 붙어서 이루어진 말은 각각 그 원형을 밝히어 적지만 어원이 분명하지 아니한 것은 원형을 밝히어 적지 않으므로 바르게 기억하여 둡니다.

★ 띄어쓰기 ★

㉯

해설 '밤새다'는 '밤'과 '새다'가 하나로 합쳐져서 쓰이는 낱말입니다.

★ 관용어 ★

자라, 솥뚜껑

해설 그림은 마당에서 쥐를 보고 놀란 엄마가 컴퓨터의 마우스를 쥐로 착각하고 놀라는 상황을 표현하고 있습니다. 이런 상황과 어울리는 속담에는 '자라 보고 놀란 가슴 솥뚜껑 보고 놀란다'가 있습니다. '자라 보고 놀란 가슴 솥뚜껑 보고 놀란다'는 '어떤 사물에 몹시 놀란 사람은 비슷한 사물만 보아도 겁을 내는 것을 이르는 말'이라는 뜻을 갖고 있습니다.

★ 한자어 ★

오비이락(烏飛梨落)

해설 • 오리무중(五里霧中) : 오 리나 되는 짙은 안개 속에 있다는 뜻으로, 무슨 일에 대하여 방향이나 갈피를 잡을 수 없음을 이르는 말.
• 오비이락(烏飛梨落) : 까마귀 날자 배 떨어진다는 뜻으로, 아무 관계도 없이 한 일이 공교롭게도 때가 같아 억울하게 의심을 받거나 난처한 위치에 서게 됨을 이르는 말.
• 일석이조(一石二鳥) : 한 개의 돌을 던져 두 마리의 새를 맞추어 떨어뜨린다는 뜻으로, 한 가지 일을 해서 두 가지 이익을 얻음을 이르는 말.

08회 | 44~46쪽

낱말은 쏙쏙! 생각은 쑥쑥!

★ 그림으로 낱말 찾기 ★

❶ 비치다 ❷ 나무라다 ❸ 언짢다 ❹ 노약자 ❺ 멋쩍다

★ 낱말 뜻 알기 ★

❶ 어색 ❷ 고달프다 ❸ 마음 ❹ 마음, 따스함
❺ 사람, 운명

★ 낱말 친구 사총사 ★

❶

해설 ❷, ❸, ❹에 쓰인 '훈훈한'은 '마음을 부드럽게 녹여 주는 따스함

이 있다.'라는 뜻으로 사용되었고, ❶에 쓰인 '훈훈해진'은 '날씨나 온도가 견디기 좋을 만큼 덥다.'라는 뜻으로 사용되었습니다.

★ 연상되는 낱말 찾기 ★

노약자, 운, 비치다

★ 짧은 글짓기 ★

• 예 어제 나들이를 다녀온 후 우리 가족은 피곤해서 일찍 잠을 잤다.
• 예 아침에 엄마가 나와 동생의 반찬 투정에 속이 상하셔서 우리를 나무라셨다.
• 예 오후 내내 나는 심심해서 호숫가에 앉아 물에 비친 내 모습을 바라보았다.

낱말 쌈 싸 먹기

★ 맞춤법 ★

아래층

해설 '아래층'은 '아랫층'으로 잘못 쓰기 쉬운 말입니다. 뒷말의 첫소리가 본래 된소리나 거센소리이면 사이시옷을 받치어 적지 않으므로 바르게 기억하여 둡니다.

★ 띄어쓰기 ★

㉯

해설 '족'은 '그런 특성을 가지는 사람 무리' 또는 '그 무리에 속하는 사람'의 뜻을 더하는 접미사로, 앞말에 붙여 씁니다. 다만 외래어 표기법에 따라, 외래어 다음에서는 띄어 쓰거나 붙여 쓸 수 있습니다. 예를 들어 '여진족'이라고 표기하거나 '셈 족', '그리스 족'이라고 표기할 수 있다는 점을 기억하여 둡니다.

★ 관용어 ★

우물, 우물

해설 그림은 다른 운동들을 한 달씩만 배우다 그만둔 아이가 검도를 배우겠다고 조르자 엄마가 한 가지를 끝까지 배워보라고 충고하는 상황을 표현하고 있습니다. 이런 상황과 어울리는 속담에는 '우물을 파도 한 우물을 파라'가 있습니다. '우물을 파도 한 우물을 파라'는 '일을 너무 벌여 놓거나 하던 일을 자주 바꾸어 하면 아무런 성과가 없으니 어떠한 일이든 한 가지 일을 끝까지 하여야 성공할 수 있다는 말'이라는 뜻을 갖고 있습니다.

★ 한자어 ★

漢字(한자), 用語(용어)

09회 | 48~50쪽

낱말은 쏙쏙! 생각은 쑥쑥!

★ 그림으로 낱말 찾기 ★
❶ 수묵화 ❷ 병풍 ❸ 구상하다 ❹ 화선지 ❺ 먹물

★ 낱말 뜻 알기 ★
❶ 무게, 느낌 ❷ 차례, 간격 ❸ 색깔, 명암
❹ 균형, 바로잡다, 맞추어 ❺ 창작, 표현, 생각

★ 낱말 친구 사총사 ★
❹

해설 ❶, ❷, ❸에 쓰인 '농담'은 '색깔이나 명암 따위의 짙음과 옅음. 또는 그런 정도'라는 뜻으로 사용되었고, ❹에 쓰인 '농담'은 '실없이 놀리거나 장난으로 하는 말'이라는 뜻으로 사용되었습니다.

★ 연상되는 낱말 찾기 ★
수묵화, 병풍, 양감

★ 짧은 글짓기 ★
• 예 친구가 실수로 내 옷에 먹물을 튀게 했다.
• 예 우리는 블록을 규칙에 맞게 배열하였다.
• 예 엄마는 너무 덥지 않도록 실내 온도를 조절하셨다.

낱말 쌈 싸 먹기

★ 맞춤법 ★
빚장이 → 빚쟁이

해설 '빚쟁이'는 '남에게 돈을 빌려 준 사람을 낮잡아 이르거나 빚을 진 사람을 낮잡아 이르는 말'이라는 뜻으로 '빚장이'로 잘못 쓰기 쉬운 말입니다. 기술자에게는 '-장이', 그 외에 성격이나 특성과 관련된 말에는 '-쟁이'가 붙는 형태를 표준어로 삼기 때문에 바르게 기억하여 둡니다.

★ 띄어쓰기 ★
㉯

해설 '꿇어앉다'는 '무릎을 구부려 바닥에 대고 앉다.'라는 뜻으로, 붙여서 한 낱말로 씁니다.

★ 관용어 ★
강, 불

해설 그림은 손수레에 싣고 가던 과일이 도로에 떨어졌는데도 같이 줍지 않고, 자기 일이 아니라고 가만히 보고만 있는 상황을 표현하고 있습니다. 이런 상황과 어울리는 관용구에는 '강 건너 불구경'이 있습니다. '강 건너 불구경'은 '자기에게 관계없는 일이라고 하여 무관심하게 방관하는 모양새'라는 뜻을 갖고 있습니다.

★ 한자어 ★
함흥차사(咸興差使)

해설 • 풍전등화(風前燈火) : 바람 앞의 등불이라는 뜻으로, 사물이 매우 위태로운 처지에 놓여 있음을 비유적으로 이르는 말.
• 용두사미(龍頭蛇尾) : 용의 머리와 뱀의 꼬리라는 뜻으로, 처음은 왕성하나 끝이 부진한 현상을 이르는 말.
• 함흥차사(咸興差使) : 함흥으로 보낸 차사라는 뜻으로, 심부름을 가서 오지 아니하거나 늦게 온 사람을 이르는 말.

10회 | 52~54쪽

낱말은 쏙쏙! 생각은 쑥쑥!

★ 그림으로 낱말 찾기 ★
❶ 판결 ❷ 깍듯하다 ❸ 울상 ❹ 수군거리다 ❺ 아첨하다

★ 낱말 뜻 알기 ★
❶ 침범 ❷ 기운, 범위 ❸ 예의범절, 분명
❹ 목소리, 이야기 ❺ 지배, 스스로

★ 낱말 친구 사총사 ★
❹

해설 ❶, ❷, ❸에 쓰인 '번져서, 번지기, 번지자'는 '어떤 기운이 차츰 넓은 범위로 옮아가다.'라는 뜻으로 사용되었고, ❹에 쓰인 '번질'은 '엎어지거나 뒤집히다.'라는 뜻으로 사용되었습니다.

★ 연상되는 낱말 찾기 ★
판결, 아첨하다, 자율

★ 짧은 글짓기 ★
• 예 선생님께서는 나에게 저작권을 침해하면 안 된다면서 설명을 해 주셨다.
• 예 엄마는 울상이 된 동생을 보시고 나서, 나에게 동생과 싸우지 말라고 당부를 하셨다.
• 예 사장은 아첨하는 태도를 고치라면서 부하 직원에게 경고를 하였다.

낱말 쌈 싸 먹기

★ 맞춤법 ★
안절부절못하였다

해설 '안절부절못하다'는 '마음이 초조하고 불안하여 어찌할 바를 모르다.'라는 뜻으로 '안절부절하다'로 잘못 쓰기 쉬운 말이므로 바르게 기억하여 둡니다.

★ 띄어쓰기 ★
㉯

해설 '왈가닥달가닥'은 '작고 단단한 물건들이 자꾸 서로 거칠게 닿거나 부딪치는 소리 또는 그 모양'을 뜻하는 말로, 붙여서 한 낱말로 씁니다.

★ 관용어 ★

도토리

해설 그림은 아이들이 모여서 축구를 하려고 하는데 한 아이는 따돌림을 받으며 거기에 끼지 못하는 상황을 표현하고 있습니다. 이런 상황과 어울리는 속담에는 '개밥에 도토리'가 있습니다. '개밥에 도토리'는 '개는 도토리를 먹지 아니하기 때문에 밥 속에 있어도 먹지 아니하고 남긴다는 뜻에서, 따돌림을 받아서 여럿의 축에 끼지 못하는 사람을 비유적으로 이르는 말'이라는 뜻을 갖고 있습니다.

★ 한자어 ★

第一(제일), 理由(이유)

11회 | 56~58쪽

★ 그림으로 낱말 찾기 ★

❶ 스포이트 ❷ 비커 ❸ 알코올램프 ❹ 기포 ❺ 삼발이

★ 낱말 뜻 알기 ★

❶ 뭉치다 ❷ 마시고 ❸ 물건, 간수 ❹ 고체, 기체, 거품
❺ 고무, 유리관

★ 낱말 친구 사총사 ★

❶

해설 ❷, ❸, ❹에 쓰인 '증발할, 증발해서'는 '어떤 물질이 액체 상태에서 기체 상태로 변하다.'라는 뜻으로 사용되었고, ❶에 쓰인 '증발했는데'는 '사람이나 물건이 갑자기 사라져 행방을 알지 못하게 되다.'라는 뜻으로 사용되었습니다.

★ 연상되는 낱말 찾기 ★

삼발이, 갈증, 알코올램프

★ 짧은 글짓기 ★

• **예** 그릇이 식으면서, 녹았던 버터가 그 주변으로 다시 응결하였다.
• **예** 어제부터 곡식을 저장하는 작업이 시작되었다.
• **예** 사이다를 따르자마자, 하얀 기포가 뽀글뽀글 올라왔다.

★ 맞춤법 ★

아니요 → 아니오

해설 '아니오'는 한 문장의 서술어로만 쓰이고, '아니요'는 아랫사람에게는 '응, 아니'로 대답할 것을 윗사람에게는 '예, 아니요'를 써서 대답할 때 쓰입니다. 반면 종결형이 아닌 연결형에서는 '이오'가 아닌 '이요'가 사용됩니다. 따라서 문장에 어울리는 낱말은 '아니오'입니다.

★ 띄어쓰기 ★

㉮

해설 '축'은 오징어를 묶어 세는 단위(한 축은 오징어 스무 마리)로, 앞말과 띄어 씁니다.

★ 관용어 ★

미꾸라지, 웅덩이

해설 그림은 한 아이가 전철 손잡이에 매달리며 장난을 치는데 샛별초등학교 아이들 전체가 욕을 먹는 상황을 표현하고 있습니다. 이런 상황과 어울리는 속담에는 '미꾸라지 한 마리가 온 웅덩이를 흐려 놓는다'가 있습니다. '미꾸라지 한 마리가 온 웅덩이를 흐려 놓는다'는 '미꾸라지 한 마리가 흙탕물을 일으켜서 웅덩이의 물을 온통 다 흐리게 한다는 뜻으로, 한 사람의 좋지 않은 행동이 그 집단 전체나 여러 사람에게 나쁜 영향을 미침을 비유적으로 이르는 말'이라는 뜻을 갖고 있습니다.

★ 한자어 ★

오리무중(五里霧中)

해설 • 이열치열(以熱治熱) : 열은 열로써 다스린다는 뜻으로, 열이 날 때에 땀을 낸다든지, 더위를 뜨거운 차를 마셔서 이긴다든지, 힘은 힘으로 물리친다는 따위를 이를 때에 흔히 쓰는 말.
• 일장춘몽(一場春夢) : 한바탕의 봄꿈이라는 뜻으로, 헛된 영화나 덧없는 일을 비유적으로 이르는 말.
• 오리무중(五里霧中) : 오 리나 되는 짙은 안개 속에 있다는 뜻으로, 무슨 일에 대하여 방향이나 갈피를 잡을 수 없음을 이르는 말.

12회 | 60~62쪽

★ 그림으로 낱말 찾기 ★

❶ 중계하다 ❷ 반환점 ❸ 역전 ❹ 마라톤 ❺ 기록

★ 낱말 뜻 알기 ★

❶ 일부 ❷ 잘못, 가책 ❸ 자리, 사양 ❹ 마라톤, 선수
❺ 경기장, 연결

★ 낱말 친구 사총사 ★

❷

해설 ❶, ❸, ❹에 쓰인 '기록'은 '운동 경기 따위에서 세운 성적이나 결과를 수치로 나타냄'이라는 뜻으로 사용되었고, ❷에 쓰인 '기록'은 '주로 후일에 남길 목적으로 어떤 사실을 적음. 또는 그런 글'이라는 뜻으로 사용

되었습니다.

★ 연상되는 낱말 찾기 ★

마라톤, 역전, 중계하다

★ 짧은 글짓기 ★

• **예** 나는 할아버지께 자리를 양보했다.

• **예** 선생님께서는 사람들에게 소개를 생략한 채 짧게 인사만 하셨다.

• **예** 형은 자신의 행동을 뉘우치고 있다면서 나에게 사과를 했다.

 낱말 쌈 싸 먹기

★ 맞춤법 ★

업신여기면

해설 '업신여기다'는 '교만한 마음에서 남을 낮추어보거나 멸시하다.'라는 뜻으로 '없신여기다'로 잘못 쓰기 쉬운 말이므로 바르게 기억하여 둡니다.

★ 띄어쓰기 ★

㉮

해설 '남몰래'는 '남'과 '몰래'가 하나로 합쳐져서 쓰이는 낱말입니다.

★ 관용어 ★

간

해설 그림은 겁도 없이 몸에 뱀을 둘러보겠다고 하는 상황을 표현하고 있습니다. 이런 상황과 어울리는 관용구에는 '간이 크다'가 있습니다. '간이 크다'는 '겁이 없고 매우 대담하다.'라는 뜻을 갖고 있습니다.

★ 한자어 ★

童話(동화), 主題(주제)

13회 | 64~66쪽

 낱말은 쏙쏙! 생각은 쑥쑥!

★ 그림으로 낱말 찾기 ★

❶ 골대 ❷ 몰다 ❸ 채 ❹ 수비수 ❺ 반칙

★ 낱말 뜻 알기 ★

❶ 이김 ❷ 팽이, 기구 ❸ 여럿, 차례 ❹ 구기, 주거나
❺ 경기, 점수

★ 낱말 친구 사총사 ★

❹

해설 ❶, ❷, ❸에 쓰인 '몰아, 몰고'는 '어떤 대상을 바라는 처지나 방향으로 움직여 가게 하다.'라는 뜻으로 사용되었고, ❹에 쓰인 '몰아서'는 '무엇으로 인정하거나 닦아세워 그렇게 다루다.'라는 뜻으로 사용되었습니다.

★ 연상되는 낱말 찾기 ★

반칙, 승부, 패스

★ 짧은 글짓기 ★

• **예** 군인들은 교대로 불침번을 섰다.

• **예** 우리 팀이 먼저 득점을 했다.

• **예** 공격수가 바람처럼 빠른 속도로 수비수를 따돌렸다.

 낱말 쌈 싸 먹기

★ 맞춤법 ★

여드래 → 여드레

해설 'ㅔ'가 들어가는 글자는 혼동하기 쉽습니다. 'ㅔ'를 'ㅐ'로 잘못 쓰지 않도록 주의합니다.

★ 띄어쓰기 ★

㉯

해설 '요만'은 '상태, 모양, 성질 따위의 정도가 요만한'이라는 뜻의 관형사로, 뒷말과 띄어 씁니다.

★ 관용어 ★

황새, 다리

해설 그림은 어릴 때부터 발레를 해서 몸이 유연한 친구를 따라서 다리 벌리기를 하다가 다리가 아파서 혼나는 상황을 표현하고 있습니다. 이런 상황과 어울리는 속담에는 '뱁새가 황새를 따라가면 다리가 찢어진다'가 있습니다. '뱁새가 황새를 따라가면 다리가 찢어진다'는 '힘에 겨운 일을 억지로 하면 도리어 해만 입는다는 말'이라는 뜻을 갖고 있습니다.

★ 한자어 ★

삼고초려(三顧草廬)

해설 • 삼고초려(三顧草廬): 초가집을 세 번 돌아본다는 뜻으로, 인재를 맞아들이기 위하여 참을성 있게 노력함을 비유적으로 이르는 말.

• 속수무책(束手無策): 손을 묶인 듯이 어찌 할 방책이 없다는 뜻으로, 뻔히 보면서도 손을 묶은 것처럼 어찌할 도리가 없어 꼼짝 못함을 이르는 말.

• 두문불출(杜門不出): 문을 닫고 나가지 않는다는 뜻으로, 집에만 틀어박혀 사회의 일이나 관직에 나아가지 않음을 이르는 말.

14회 | 68~70쪽

★ 그림으로 낱말 찾기 ★
❶ 흐드러지다 ❷ 쓰다듬다 ❸ 발굴 ❹ 왕릉 ❺ 훼손되다

★ 낱말 뜻 알기 ★
❶ 임금, 무덤 ❷ 여기다 ❸ 어루만지다 ❹ 탐스럽
❺ 기계, 관찰, 측정

★ 낱말 친구 사총사 ★
❸

해설 ❶, ❷, ❹에 쓰인 '발굴'은 '땅속이나 큰 덩치의 흙, 돌 더미 따위에 묻혀 있는 것을 찾아서 파냄'이라는 뜻으로 사용되었고, ❸에 쓰인 '발굴'은 '세상에 널리 알려지지 않거나 뛰어난 것을 찾아 밝혀냄'이라는 뜻으로 사용되었습니다.

★ 연상되는 낱말 찾기 ★
왕릉, 훼손되다, 발굴

★ 짧은 글짓기 ★
• 예 비서는 어제 오후에 사장실에서 그 충격적인 사건을 목격했다.
• 예 우리는 지난주에 천문대에서 별자리를 관측했다.
• 예 선생님께서는 그날 밤 골목에서 분개하며 난동을 부리는 이웃을 조용히 타이르셨다.

★ 맞춤법 ★
올바르다

해설 '올바르다'는 '옳바르다'로 잘못 쓰기 쉬운 말입니다. 겹받침의 끝소리가 드러나지 않는 것은 소리 나는 대로 적기 때문에 바르게 기억하여 둡니다.

★ 띄어쓰기 ★
㉯

해설 '새겨듣다'는 '잊지 아니하도록 주의해서 듣다.'라는 뜻으로, 붙여서 한 낱말로 씁니다.

★ 관용어 ★
다홍치마

해설 그림은 과일 가게에서 엄마가 이왕이면 큰 수박을 사기 위해 한참 고르고 있는 상황을 표현하고 있습니다. 이런 상황과 어울리는 속담에는 '같은 값이면 다홍치마'가 있습니다. '같은 값이면 다홍치마'는 '값이 같거나 같은 노력을 한다면 품질이 좋은 것을 택한다는 말'이라는 뜻을 갖고 있습니다.

★ 한자어 ★
男便(남편), 家族(가족)

15회 | 72~74쪽

★ 그림으로 낱말 찾기 ★
❶ 식판 ❷ 앓다 ❸ 문병하다 ❹ 치료하다 ❺ 시무룩하다

★ 낱말 뜻 알기 ★
❶ 간절히 ❷ 꾸미어 ❸ 됨됨이 ❹ 정성, 주의, 대강(대충)
❺ 못마땅, 기색

★ 낱말 친구 사총사 ★
❶

해설 ❷, ❸, ❹에 쓰인 '건성'은 '정성을 들이거나 주의를 하지 않고 대강 하는 것'이라는 뜻으로 사용되었고, ❶에 쓰인 '건성'은 '공기 중에서 쉽게 마르는 성질'이라는 뜻으로 사용되었습니다.

★ 연상되는 낱말 찾기 ★
겉치레, 치료하다, 문병하다

★ 짧은 글짓기 ★
• 예 재작년에 고모는 중병을 앓으셨다.
• 예 다음 날 소년은 사또를 찾아가 아버지를 용서해 주기를 간청하였다.
• 예 여름 방학 때 삼촌은 자원 봉사를 하다가, 인품이 뛰어난 의사 선생님을 만났다.

★ 맞춤법 ★
우뢰 → 우레

해설 '우레'는 '우뢰'로 잘못 쓰기 쉬운 말입니다. '우레'는 순 우리말입니다. 이를 한자말로 잘못 인식하여 예전부터 '우뢰(雨雷)'로 사용하다 보니, 이제는 우리말 '우레'가 오히려 어색하게 느껴지게 된 것이므로 바르게 기억하여 둡니다.

★ 띄어쓰기 ★
㉮

해설 '흘러 흘러'는 '흐르고 흘러서'라는 뜻으로 띄어 씁니다.

★ 관용어 ★

헌신짝

해설 그림은 아빠가 새 인형을 선물로 주자, 여태 갖고 놀던 인형을 미련없이 휙 던져 버리는 상황을 표현하고 있습니다. 이런 상황과 어울리는 관용구에는 '헌신짝 버리듯'이 있습니다. '헌신짝 버리듯'은 '요긴하게 쓴 다음 아까울 것이 없이 내버리다.'라는 뜻을 갖고 있습니다.

★ 한자어 ★

어부지리(漁父之利)

해설 약육강식(弱肉强食) : 약한 자가 강한 자에게 먹힌다는 뜻으로, 강한 자가 약한 자를 희생시켜서 번영하거나, 약한 자가 강한 자에게 끝내는 멸망됨을 이르는 말.
• 자업자득(自業自得) : 자기의 업을 스스로 받는다는 뜻으로, 자기가 저지른 일의 결과를 자기가 받음을 이르는 말.
• 어부지리(漁父之利) : 어부의 이익이라는 뜻으로, 두 사람이 이해관계로 서로 싸우는 사이에 엉뚱한 사람이 애쓰지 않고 이익을 가로챔을 이르는 말.

16회 | 76~78쪽

낱말은 쏙쏙! 생각은 쑥쑥!

★ 그림으로 낱말 찾기 ★

❶ 증기 ❷ 기관사 ❸ 애완동물 ❹ 맴돌다 ❺ 주저앉다

★ 낱말 뜻 알기 ★

❶ 오래되어, 지저분하다 ❷ 되풀이 ❸ 액체, 고체
❹ 벌레, 빽빽하게 ❺ 열차, 조종

★ 낱말 친구 사총사 ★

❸

해설 ❶, ❷, ❹에 쓰인 '가로채지, 가로채서, 가로채'는 '남이 말하는 중간에 끼어들어 말을 못하게 하다.'라는 뜻이고, ❸에 쓰인 '가로채'는 '남의 것을 옳지 않은 방법으로 빼앗다.'라는 뜻입니다.

★ 연상되는 낱말 찾기 ★

가뭄, 유행, 애완동물

★ 짧은 글짓기 ★

• **예** 아버지가 헛간에서 낡은 자전거를 꺼내 오셨다.
• **예** 동생은 땅바닥에 주저앉아 흙장난을 했다.
• **예** 우리는 논에 우글거리고 있는 올챙이를 잡았다.

낱말 쌈 싸 먹기

★ 맞춤법 ★

골돌히 → 골똘히

해설 '골똘히'는 '골돌히'로 잘못 쓰기 쉬운 말이므로 바르게 기억하여 둡니다.

★ 띄어쓰기 ★

㉮

해설 '마지기'는 논밭 넓이의 단위로, 앞말과 띄어 씁니다.

★ 관용어 ★

배꼽

해설 그림은 정작 선물보다는 선물 상자와 포장이 더 요란한 상황을 표현하고 있습니다. 이런 상황과 어울리는 속담에는 '배보다 배꼽이 더 크다'가 있습니다. '배보다 배꼽이 더 크다'는 '배보다 거기에 붙은 배꼽이 더 크다는 뜻으로, 기본이 되는 것보다 덧붙이는 것이 더 많거나 큰 경우를 비유적으로 이르는 말'이라는 뜻을 갖고 있습니다.

★ 한자어 ★

금상첨화(錦上添花)

해설 • 호의호식(好衣好食) : 좋은 옷과 좋은 음식이라는 뜻으로, 잘 입고 잘 먹으면서 호화롭게 사는 것을 이르는 말.
• 설상가상(雪上加霜) : 눈 위에 서리가 덮인다는 뜻으로, 난처한 일이나 불행한 일이 잇따라 일어남을 이르는 말.
• 금상첨화(錦上添花) : 비단 위에 꽃을 더한다는 뜻으로, 좋은 일 위에 또 좋은 일이 더하여짐을 비유적으로 이르는 말.

17회 | 80~82쪽

낱말은 쏙쏙! 생각은 쑥쑥!

★ 그림으로 낱말 찾기 ★

❶ 영토 ❷ 침입 ❸ 고인돌 ❹ 국보 ❺ 허술하다

★ 낱말 뜻 알기 ★

❶ 나라, 서울 ❷ 여럿, 뽑아 ❸ 역사적, 순서
❹ 무거운, 기계 ❺ 국가, 토지

★ 낱말 친구 사총사 ★

❹

해설 ❶, ❷, ❸에 쓰인 '허술한, 허술해서'는 '낡고 헐어서 보잘것없다.'라는 뜻이고, ❹에 쓰인 '허술하게'는 '치밀하지 못하고 엉성하여 빈틈이 있다.'라는 뜻입니다.

국보, 고인돌, 박물관

★ 짧은 글짓기 ★

- 예 고려 시대 때 거란은 우리나라를 세 차례나 침입을 하였다.
- 예 여름휴가 때 우리 가족은 신라의 도읍지였던 경주를 여행했다.
- 예 경기가 끝난 뒤에 감독이 우수 선수를 선정하였다.

낱말 쌈 싸 먹기

★ 맞춤법 ★

귀머거리

해설 '귀머거리'는 '귀먹어리'로 잘못 쓰기 쉬운 말입니다. 어간에 -이'나 -음' 이외의 모음으로 시작된 접미사가 붙어서 다른 품사로 전환된 것은 그 어간의 원형을 밝혀 적지 않기 때문에 '귀머거리'가 맞습니다. 바르게 기억하여 둡니다.

★ 띄어쓰기 ★

㉮

해설 '모양내다'는 '모양'과 '내다'가 하나로 합쳐져서 쓰이는 한 낱말입니다.

★ 관용어 ★

신선놀음, 도낏자루

해설 그림은 컴퓨터 게임을 하느라 아이스크림이 다 녹아 버린 것도 모르는 상황을 표현하고 있습니다. 이런 상황과 어울리는 속담에는 '신선놀음에 도낏자루 썩는 줄 모른다'가 있습니다. '신선놀음에 도낏자루 썩는 줄 모른다'는 '아주 재미있는 일에 정신이 팔려서 시간 가는 줄 모르는 경우를 비유적으로 이르는 말'이라는 뜻을 갖고 있습니다.

★ 한자어 ★

氣溫(기온), 野外(야외)

18회 | 84~86쪽

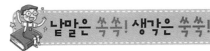

낱말은 쏙쏙! 생각은 쑥쑥!

★ 그림으로 낱말 찾기 ★

❶ 예식장 ❷ 보채다 ❸ 쑥스럽다 ❹ 공손하다 ❺ 친척

★ 낱말 뜻 알기 ★

❶ 겸손, 예의 ❷ 멀고, 가까운 ❸ 자연스럽지
❹ 아기, 울거나 ❺ 기념

❶

해설 ❷, ❸, ❹에 쓰인 '익혀도, 익혀서, 익었어'는 '고기나 채소, 곡식 따위의 날것이 뜨거운 열을 받아 그 성질과 맛이 달라지다.'라는 뜻이고, ❶에 쓰인 '익다'는 '여러 번 겪어 낯설지 않다.'라는 뜻입니다.

★ 연상되는 낱말 찾기 ★

대청, 명절, 예식장

★ 짧은 글짓기 ★

- 예 우리는 설 때마다 친척 집에 찾아가 세배를 한다.
- 예 나는 주말에 할아버지 댁에서 촌수 따지는 법을 배웠다.
- 예 이모네가 토요일 저녁에 예식장에서 돌잔치를 했다.

낱말 쌈 싸 먹기

★ 맞춤법 ★

기여히 → 기어이/기어코

해설 '어떠한 일이 있더라도 반드시', '결국에 가서는'이라는 의미를 지닌 '기어이/기어코'는 '기여히'로 잘못 쓰기 쉬운 말이므로 바르게 기억하여 둡니다.

★ 띄어쓰기 ★

㉮

해설 '총'은 모두 합하여 몇임을 나타내는 관형사로, 뒷말과 띄어 씁니다.

★ 관용어 ★

발

해설 그림은 아이가 하굣길에 자주 들렀던 PC방에 가지 않는 상황을 표현하고 있습니다. 이런 상황과 어울리는 관용구에는 '발을 끊다'가 있습니다. '발을 끊다'는 '오가지 않거나 관계를 끊다.'라는 뜻을 갖고 있습니다.

★ 한자어 ★

안하무인(眼下無人)

해설 안하무인(眼下無人) : 눈 아래에 사람이 없다는 뜻으로, 방자하고 교만하여 다른 사람을 업신여김을 이르는 말.
- 유유상종(類類相從) : 사물은 같은 무리끼리 따르고, 같은 사람은 서로 찾아 모인다는 뜻으로, 같은 무리끼리 서로 사귐을 이르는 말.
- 전전긍긍(戰戰兢兢) : 전전(戰戰)은 겁을 먹고 벌벌 떠는 모양, 긍긍(兢兢)은 조심해 몸을 움츠리는 모양을 나타낸 것으로, 몹시 두려워서 벌벌 떨며 조심함을 이르는 말.

19회 | 88~90쪽

낱말은 쏙쏙! 생각은 쑥쑥!

★ 그림으로 낱말 찾기 ★
❶ 꼭짓점 ❷ 마름모 ❸ 직각 ❹ 평행 사변형 ❺ 대각선

★ 낱말 뜻 알기 ★
❶ 똑같이 ❷ 마주, 평행 ❸ 이웃, 꼭짓점
❹ 취미, 모으다 ❺ 길이, 대각선

★ 낱말 친구 사총사 ★
❹

해설 ❶, ❷, ❸에 쓰인 '배출하지, 배출해서, 배출하는'은 '안에서 밖으로 밀어 내보내다.'라는 뜻이고, ❹에 쓰인 '배출했다는'은 '어떤 환경이나 상황의 영향으로 어떤 인물이 나타나도록 한다.'라는 뜻입니다.

★ 연상되는 낱말 찾기 ★
소포, 반올림, 마름모

★ 짧은 글짓기 ★
• 예 너무 고마워서 그는 거의 직각이 되도록 인사를 했다.
• 예 아이들에게 나눠 주려고 선생님은 피자를 등분했다.
• 예 과제물을 작성하기 위해 우리는 자료를 수집했다.

낱말 쌈 싸 먹기

★ 맞춤법 ★
켜고

해설 '기지개'와 함께 쓰여 '팔다리나 네 다리를 쭉 뻗으며 몸을 펴다.'라는 의미를 지닌 '켜다'는 '키다'로 잘못 쓰기 쉬운 말이므로 바르게 기억하여 둡니다.

★ 띄어쓰기 ★
㉮

해설 '동여매다'는 '끈이나 새끼, 실 따위로 두르거나 감거나 하여 묶다.'라는 뜻으로, 붙여서 한 낱말로 씁니다.

★ 관용어 ★
가뭄

해설 그림은 엄마 친구가 방을 청소하는 아이를 칭찬하자, 엄마가 그것이 매우 드문 일이라고 알려 주는 상황을 표현하고 있습니다. 이런 상황과 어울리는 속담에는 '가뭄에 콩 나듯'이 있습니다. '가뭄에 콩 나듯'은 '가뭄에는 심은 콩이 제대로 싹이 트지 못하여 드문드문 난다는 뜻으로, 어떤 일이나 물건이 어쩌다 하나씩 드문드문 있는 경우를 비유적으로 이르는 말'이라는 뜻을 갖고 있습니다.

★ 한자어 ★
勇氣(용기), 運命(운명)

20회 | 92~94쪽

낱말은 쏙쏙! 생각은 쑥쑥!

★ 그림으로 낱말 찾기 ★
❶ 태평소 ❷ 자바라 ❸ 깃발 ❹ 용고 ❺ 나발

★ 낱말 뜻 알기 ★
❶ 축하, 행사 ❷ 두텁다 ❸ 목소리, 전문적 ❹ 웃어른
❺ 차이, 소리

★ 낱말 친구 사총사 ★
❶

해설 '행차 뒤에 나팔'은 '사또 떠난 뒤에 나팔 분다'와 같은 말로, 제때 안 하다가 뒤늦게 대책을 세우며 서두름을 핀잔하는 뜻의 속담입니다.

★ 연상되는 낱말 찾기 ★
깃발, 축제, 성악가

★ 짧은 글짓기 ★
• 예 선생님은 교실에서 낮고 부드러운 음색으로 노래를 부르셨다.
• 예 나는 고궁에서 자바라 치는 모습을 보고 심벌즈를 떠올렸다.
• 예 나는 도서실에서 의좋은 형제 이야기를 읽었다.

낱말 쌈 싸 먹기

★ 맞춤법 ★
깍정이 → 깍쟁이

해설 '깍쟁이'는 '깍정이'로 잘못 쓰기 쉬운 말입니다. '깍쟁이'는 모음의 발음 변화를 인정하여, 발음이 바뀌어 굳어진 형태를 표준어로 삼기 때문에 바르게 기억하여 둡니다.

★ 띄어쓰기 ★
㉯

해설 '오다가다'는 '어쩌다가 가끔. 또는 지나는 길에 우연히'라는 뜻으로, 붙여서 한 낱말로 씁니다.

★ 관용어 ★
백지장

해설 그림은 아이들이 힘을 합쳐 쉽게 매트를 옮기고 있는 상황을 표현하고 있습니다. 이런 상황과 어울리는 속담에는 '백지장도 맞들면 낫다'가 있습니다. '백지장도 맞들면 낫다'는 '쉬운 일이라도 협력하여 하면 훨씬 쉽다는 말'이라는 뜻을 갖고 있습니다.

★ 한자어 ★
비일비재(非一非再)

해설
- 설상가상(雪上加霜) : 눈 위에 서리가 덮인다는 뜻으로, 난처한 일이나 불행한 일이 잇따라 일어남을 이르는 말.
- 비일비재(非一非再) : 한 번이나 두 번이 아니라는 뜻으로, 같은 현상이나 일이 한두 번이나 한둘이 아니고 많음을 이르는 말.
- 유구무언(有口無言) : 입은 있어도 말은 없다는 뜻으로, 변명할 말이 없거나 변명을 못함을 이르는 말.

21회 | 96~98쪽

낱말은 쏙쏙! 생각은 쑥쑥!

★ 그림으로 낱말 찾기 ★
① 쏘아보다 ② 종례 ③ 위반 ④ 짙다 ⑤ 움츠리다

★ 낱말 뜻 알기 ★
① 명령, 약속 ② 작아지게 ③ 흐리지, 분명
④ 미워하고, 마음 ⑤ 학교, 학생

★ 낱말 친구 사총사 ★
③

해설 ①, ②, ④에 쓰인 '짙은, 짙게'는 '털 따위가 일정한 공간이나 범위에 많이 들어 있어 보통 정도보다 빛깔이 강하다.'라는 뜻이고, ③에 쓰인 '짙게'는 '안개나 연기 따위가 자욱하다.'라는 뜻입니다.

★ 연상되는 낱말 찾기 ★
치과, 지름길, 앙상하다

★ 짧은 글짓기 ★
- 예 시험 기간에는 친구들이 나를 더욱 더 시샘했다.
- 예 집으로 돌아올 때 아빠가 교통 신호를 위반했다.
- 예 수업 시간에 짝꿍이 나를 쏘아보았다.

낱말 쌈 싸 먹기

★ 맞춤법 ★
깊숙이

해설 '깊숙이'는 '깊숙히'로 잘못 쓰기 쉬운 말입니다. '깊숙하다'처럼 어간의 받침이 'ㄱ'인 단어 뒤에는 부사화 접미사로 '이'를 붙이므로 바르게 기억하여 둡니다.

★ 띄어쓰기 ★
㉮

해설 이 문장에서 '거리'는 오이나 가지 따위를 묶어 세는 단위(한 거리는 오십 개)로, 사용되었으므로 앞말과 띄어 씁니다.

★ 관용어 ★
파리

해설 그림은 한 음식점이 장사가 안 되어 손님이 하나도 없는 상황을 표현하고 있습니다. 이런 상황과 어울리는 관용구에는 '파리 날리다'가 있습니다. '파리 날리다'는 '영업이나 사업 따위가 잘 안되어 한가하다.'라는 뜻을 갖고 있습니다.

★ 한자어 ★
民族(민족), 使命(사명)

22회 | 100~102쪽

낱말은 쏙쏙! 생각은 쑥쑥!

★ 그림으로 낱말 찾기 ★
① 외식 ② 투정 ③ 성묘 ④ 호통 ⑤ 앙상하다

★ 낱말 뜻 알기 ★
① 마음, 도움 ② 알려져, 방법 ③ 빠져, 바싹
④ 못마땅, 조르는 ⑤ 크게, 꾸짖다

★ 낱말 친구 사총사 ★
②

해설 ①, ③, ④에 쓰인 '역할'은 '자기가 마땅히 하여야 할 맡은 바 직책이나 임무'라는 뜻이고, ②에 쓰인 '역할'은 '영화나 연극 따위에서 배우가 맡아서 하는 소임'이라는 뜻입니다.

★ 연상되는 낱말 찾기 ★
성묘, 입양, 맞벌이

★ 짧은 글짓기 ★
- 예 부모님 결혼기념일이어서 우리 가족은 외식을 했다.
- 예 몸이 아파서 그런지 동생은 하루 종일 투정을 부렸다.
- 예 아이들이 버릇없이 굴어서 할아버지께서 호통을 치셨다.

낱말 쌈 싸 먹기

★ 맞춤법 ★
끝으머리 → 끄트머리

해설 '끄트머리'는 '끝으머리'로 잘못 쓰기 쉬운 말입니다. '일의 실마리' 또는 '끝부분'을 의미하기 때문에 이 낱말의 첫 음절을 '끝'으로 표기하기 쉽지만, 소리 나는 대로 '끄트머리'로 표기하므로 바르게 기억하여 둡니다.

★ 띄어쓰기 ★

㉮

해설 '한눈팔다'는 '한눈'과 '팔다'가 하나로 합쳐져서 쓰이는 낱말입니다.

★ 관용어 ★

벼룩, 간

해설 그림은 도둑이 아주 가난한 집에 들어가 조금밖에 없는 쌀을 훔쳐 가는 상황을 표현하고 있습니다. 이런 상황과 어울리는 속담에는 '벼룩의 간을 내먹는다'가 있습니다. '벼룩의 간을 내먹는다'는 '하는 짓이 몹시 잘거나 인색함을 비유적으로 이르는 말', 또는 '어려운 처지에 있는 사람에게서 금품을 뜯어냄을 비유적으로 이르는 말'이라는 뜻을 갖고 있습니다.

★ 한자어 ★

사필귀정(事必歸正)

해설 • 사필귀정(事必歸正) : 모든 일은 반드시 바른길로 돌아간다는 뜻으로, 처음에는 비록 그릇되더라도 결국에는 바른 이치대로 돌아가게 되어 있음을 이르는 말.
• 사면초가(四面楚歌) : 사방에서 들리는 초나라의 노래라는 뜻으로, 아무에게도 도움을 받지 못하는 외롭고 곤란한 지경에 빠진 형편을 이르는 말.
• 오합지졸(烏合之卒) : 까마귀가 모인 것처럼 질서가 없이 모인 병졸이라는 뜻으로, 임시로 모여들어서 규율이 없고 무질서한 병졸 또는 군중을 이르는 말.

23회 | 104~106쪽

낱말은 쏙쏙! 생각은 쑥쑥!

★ 그림으로 낱말 찾기 ★

❶ 뱉다 ❷ 부축하다 ❸ 찌푸리다 ❹ 지저분하다
❺ 소란스럽다

★ 낱말 뜻 알기 ★

❶ 시끄럽고 ❷ 겨드랑이 ❸ 순서, 차례 ❹ 규칙, 명령
❺ 정돈, 더럽다

★ 낱말 친구 사총사 ★

❷

해설 ❶, ❸, ❹에 쓰인 '찌푸리고, 찌푸리셨어, 찌푸리니까'는 '얼굴의 근육이나 눈살 따위를 몹시 찡그리다.'라는 뜻이고, ❷에 쓰인 '찌푸려'는 '날씨가 매우 음산하게 흐려지다.'라는 뜻입니다.

★ 연상되는 낱말 찾기 ★

공원, 학예회, 새치기

★ 짧은 글짓기 ★

• 예 아빠와 나는 공원에서 자전거를 탔다.

• 예 우리 학교는 학교 안에서 휴대 전화 사용을 금지한다.
• 예 중학생 형들이 길거리에서 함부로 침을 뱉었다.

낱말 쌈 싸 먹기

★ 맞춤법 ★

낭떠러지

해설 '낭떠러지'는 '낭떨어지'로 잘못 쓰기 쉬운 말입니다. '절벽'을 뜻하는 말은 소리 나는 대로 표기한 '낭떠러지'를 표준어로 삼기 때문에 바르게 기억하여 둡니다.

★ 띄어쓰기 ★

㉮

해설 '본'은 어떤 대상이 말하는 이와 직접 관련되어 있음을 나타내는 관형사로, 뒷말과 띄어 씁니다.

★ 관용어 ★

살, 물

해설 그림은 엄마 화장품을 가지고 놀다가 망가뜨린 뒤 당황하는 상황을 표현하고 있습니다. 이런 상황과 어울리는 속담에는 '쏘아 놓은 살이요 엎지른 물이다'가 있습니다. '쏘아 놓은 살이요 엎지른 물이다'는 '한 번 저지른 일을 다시 고치거나 중지할 수 없음을 비유적으로 이르는 말'이라는 뜻을 갖고 있습니다.

★ 한자어 ★

獨立(독립), 自由(자유)

24회 | 108~110쪽

낱말은 쏙쏙! 생각은 쑥쑥!

★ 그림으로 낱말 찾기 ★

❶ 화석 ❷ 캐내다 ❸ 허물 ❹ 지층 ❺ 석고

★ 낱말 뜻 알기 ★

❶ 한곳 ❷ 남은, 자국 ❸ 새끼, 껍질 ❹ 크기, 위아래
❺ 땅속, 타기

★ 낱말 친구 사총사 ★

❶

해설 ❷, ❸, ❹에 쓰인 '캐냈어, 캐낼, 캐내겠다며'는 '땅속에 묻힌 광물이나 식물 따위의 자연 생산물을 파서 끄집어내다.'라는 뜻이고, ❶에 쓰인 '캐내려는'은 '자세히 따져서 속 내용을 알아내다.'라는 뜻입니다.

★ 연상되는 낱말 찾기 ★

화석, 멸종, 허물

★ 짧은 글짓기 ★

- **예** 암탉이 부화를 시키려고 알을 품고 있다.
- **예** 엄마는 팔이 부러져서 석고 붕대를 하고 있다.
- **예** 범인은 잡히지 않으려고 자기 흔적을 모두 없앴다.

★ 맞춤법 ★

넉두리 → 넋두리

해설 '넋두리'는 불만을 길게 늘어놓으며 하소연하는 말로, '넉두리'로 잘못 쓰기 쉬우므로 바르게 기억하여 둡니다.

★ 띄어쓰기 ★

㉯

해설 '덮어쓰다'는 '이불 따위를 머리 위까지 덮다.'라는 뜻으로, 붙여서 한 낱말로 씁니다.

★ 관용어 ★

파김치

해설 그림은 엄마가 김장을 백 포기나 하고 몹시 지친 상황을 표현하고 있습니다. 이런 상황과 어울리는 관용구에는 '파김치가 되다'가 있습니다. '파김치가 되다'는 '몹시 지쳐서 기운이 아주 느른하게 되다'라는 뜻을 갖고 있습니다.

★ 한자어 ★

선견지명(先見之明)

해설 • 마이동풍(馬耳東風) : 동풍이 말의 귀를 스쳐간다는 뜻으로, 남의 말을 귀담아듣지 아니하고 지나쳐 흘려 버림을 이르는 말.
• 선견지명(先見之明) : 앞을 내다보는 지혜라는 뜻으로, 어떤 일이 일어나기 전에 미리 앞으로 일어날 일을 예측하는 지혜로움을 이르는 말.
• 우후죽순(雨後竹筍) : 비가 온 뒤에 여기저기 솟는 죽순이라는 뜻으로, 어떤 일이 한때에 많이 생겨남을 비유적으로 이르는 말.

25회 | 112~114쪽

★ 그림으로 낱말 찾기 ★

❶ 옹기 ❷ 빚다 ❸ 물레 ❹ 다기 ❺ 다듬다

★ 낱말 뜻 알기 ★

❶ 마시는 ❷ 모양, 형태 ❸ 자기, 간직 ❹ 도자기, 무늬
❺ 외부, 감각

★ 낱말 친구 사총사 ★

❹

해설 ❶, ❷, ❸에 쓰인 '다듬어, 다듬으셨어'는 '맵시를 내거나 고르게 손질하여 매만지다.'라는 뜻이고, ❹에 쓰인 '다듬으면'은 '글 따위를 매끄럽고 짜임새 있게 고치다.'라는 뜻입니다.

★ 연상되는 낱말 찾기 ★

건조, 옹기, 착시

★ 짧은 글짓기 ★

- **예** 그는 죽기 전에 소장 문헌을 박물관에 기증했다.
- **예** 아버지는 편히 쉬고 싶을 때 소파 모양을 변형했다.
- **예** 온 식구가 모여 설 전날에 만두를 빚었다.

★ 맞춤법 ★

나지막한

해설 '나지막하다'는 '위치가 꽤 나직하다(낮다).', '소리가 꽤 나직하다.'는 뜻입니다. '낮으막하다'로 잘못 쓰기 쉬우므로 바르게 기억하여 둡니다.

★ 띄어쓰기 ★

㉮

해설 '가타부타'는 '어떤 일에 대하여 옳다느니 그르다느니 함'이라는 뜻으로, 붙여서 한 낱말로 씁니다.

★ 관용어 ★

떡잎

해설 그림은 어린아이가 스스로 독서하는 것을 보면서 할아버지가 커서 큰 인물이 되겠다고 생각하는 상황을 표현하고 있습니다. 이런 상황과 어울리는 속담에는 '될성부른 나무는 떡잎부터 알아본다'가 있습니다. '될성부른 나무는 떡잎부터 알아본다'는 '잘될 사람은 어려서부터 남달리 장래성이 엿보인다는 말'이라는 뜻을 갖고 있습니다.

★ 한자어 ★

集中(집중), 同意(동의)

26회 | 116~118쪽

낱말은 쏙쏙! 생각은 쑥쑥!

★ 그림으로 낱말 찾기 ★
❶ 얼레 ❷ 자치기 ❸ 아리다 ❹ 말타기 ❺ 질기다

★ 낱말 뜻 알기 ★
❶ 소란스럽게 ❷ 연줄, 감는 ❸ 상처, 찌르는
❹ 모습, 거짓 ❺ 짤막한, 날아간

★ 낱말 친구 사총사 ★
❷

해설 ❶, ❸, ❹에 쓰인 '질겨서, 질긴, 질기고'는 '물건이 쉽게 해지거나 끊어지지 아니하고 견디는 힘이 세다.'라는 뜻이고, ❷에 쓰인 '질기기도'는 '목숨이 끊어지지 아니하고 끈덕지게 붙어 있다.'라는 뜻입니다.

★ 연상되는 낱말 찾기 ★
비밀, 진딧물, 파충류

★ 짧은 글짓기 ★
• 예 나는 친구를 놀래키려고 다리를 다친 것처럼 위장했다.
• 예 동생은 말타기를 하다가 땅에 엎어지는 바람에 코피를 흘렸다.
• 예 어머니는 화가 나서 종아리가 아리도록 매를 때렸다.

낱말 쌈 싸 먹기

★ 맞춤법 ★
넘어 → 너머

해설 '넘어'는 '넘다'라는 동사에 '-어'가 연결된 것이고, '너머'는 '높이나 경계로 가로막은 사물의 저쪽. 또는 공간'이라는 뜻의 명사입니다. 따라서 문장에 어울리는 낱말은 '너머'입니다.

★ 띄어쓰기 ★
㉮

해설 이 문장에서 '뭇'은 생선을 묶어 세는 단위(한 뭇은 열 마리)로, 앞말과 띄어 씁니다. 이외에도 '뭇'은 짚, 장작, 채소 따위의 작은 묶음과 볏단, 미역 등을 세는 단위이기도 합니다.

★ 관용어 ★
물, 봇짐

해설 그림은 비 오는 날 집에까지 우산을 씌워 준 친구한테 옷이 젖었다고 화를 내는 상황을 표현하고 있습니다. 이런 상황과 어울리는 속담에는 '물에 빠진 놈 건져 놓으니까 내 봇짐 내라 한다'가 있습니다. '물에 빠진 놈 건져 놓으니까 내 봇짐 내라 한다'는 '남에게 은혜를 입고서도 그 고마움을 모르고 생트집을 잡음을 이르는 말'이라는 뜻을 갖고 있습니다.

★ 한자어 ★

설상가상(雪上加霜)

해설 • 십시일반(十匙一飯) : 밥 열 술이 한 그릇이 된다는 뜻으로, 여러 사람이 조금씩 힘을 합하면 한 사람을 돕기 쉬움을 이르는 말.
• 지피지기(知彼知己) : 적을 알고 나를 안다는 뜻으로, 적의 형편과 나의 형편을 자세히 알아야 한다는 말.
• 설상가상(雪上加霜) : 눈 위에 서리가 덮인다는 뜻으로, 난처한 일이나 불행한 일이 잇따라 일어남을 이르는 말.

27회 | 120~122쪽

낱말은 쏙쏙! 생각은 쑥쑥!

★ 그림으로 낱말 찾기 ★
❶ 주문 ❷ 통장 ❸ 기입장 ❹ 가계부 ❺ 지출

★ 낱말 뜻 알기 ★
❶ 목적 ❷ 수입, 지출 ❸ 슬기로워 ❹ 건물, 도로
❺ 거두어

★ 낱말 친구 사총사 ★
❸

해설 ❶, ❷, ❹에 쓰인 '주문'은 '어떤 상품을 만들거나 파는 사람에게 그 상품의 생산이나 수송, 또는 서비스의 제공을 요구하거나 청구함. 또는 그 요구나 청구'를 뜻하는 말이고, ❸에 쓰인 '주문'은 '음양가나 점술에 정통한 사람이 술법을 부리거나 귀신을 쫓을 때 외는 글귀'를 가리키는 것입니다.

★ 연상되는 낱말 찾기 ★
통장, 절약, 에너지

★ 짧은 글짓기 ★
• 예 아버지는 주말에 새로 집을 지을 부지를 보러 가셨다.
• 예 나는 토요일마다 용돈 기입장을 정리했다.
• 예 엄마는 물건을 살 때 현명한 선택을 하려고 노력하셨다.

낱말 쌈 싸 먹기

★ 맞춤법 ★
널찍한

해설 '널찍하다'는 '넓직하다'로 잘못 쓰기 쉬운 말입니다. '널찍하다'와 같이 겹받침의 끝소리가 드러나지 않는 것은 소리 나는 대로 적기 때문에 바르게 기억하여 둡니다.

★ 띄어쓰기 ★
㉯

해설 ❶ '뿌리박다' 는 '뿌리' 와 '박다' 가 하나로 합쳐져서 쓰이는 낱말입니다.

★ 관용어 ★

손

해설 그림은 엄마가 간식으로 먹기 위해 엄청 많은 양의 부침개를 부치는 상황을 표현하고 있습니다. 이런 상황과 어울리는 관용구에는 '손이 크다' 가 있습니다. '손이 크다' 는 '씀씀이가 후하고 크다.' 라는 뜻을 갖고 있습니다.

★ 한자어 ★

飮食(음식), 韓服(한복)

28회 | 124~126쪽

★ 그림으로 낱말 찾기 ★
❶ 투수 ❷ 비사치기 ❸ 포수 ❹ 목발 ❺ 얹다

★ 낱말 뜻 알기 ★
❶ 공정, 치우친 ❷ 나쁜, 어려운 ❸ 다리, 지팡이
❹ 야구, 투수 ❺ 손바닥, 납작한

★ 낱말 친구 사총사 ★
❶

해설 '서투른 무당이 장구만 나무란다' 는 자기 기술이나 능력이 부족한 것은 생각하지 않고 애매한 도구나 조건만 가지고 나쁘다고 탓함을 비꼬는 뜻의 속담입니다.

★ 연상되는 낱말 찾기 ★

투수, 온돌, 잠수함

★ 짧은 글짓기 ★
• 예 인상 때문에 나는 그에 대해 편견을 가지고 있었다.
• 예 바른말 하는 것이 미워서 간신들이 그를 모함했다.
• 예 짐이 많아서 아주머니는 짐을 머리에까지 얹었다.

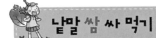

★ 맞춤법 ★

눈썰미 → 눈썰미

해설 '눈썰미' 는 '한두 번 보고 곧 그대로 해내는 재주.' 라는 뜻입니다. '눈설미' 로 잘못 쓰기 쉬운 말이므로 바르게 기억하여 둡니다.

★ 띄어쓰기 ★

㉯

해설 '당' 은 '그', '바로 그', '이', '지금의' 의 뜻을 나타내는 말로, 뒷말과 띄어 씁니다.

★ 관용어 ★

간, 쓸개

해설 그림은 박쥐가 길짐승에게 붙었다 날짐승에게 붙었다 하는 상황을 표현하고 있습니다. 이런 상황과 어울리는 속담에는 '간에 붙었다 쓸개에 붙었다 한다' 가 있습니다. '간에 붙었다 쓸개에 붙었다 한다' 는 '자기에게 조금이라도 이익이 되면 지조 없이 이편에 붙었다 저편에 붙었다 함을 비유적으로 이르는 말' 이라는 뜻을 갖고 있습니다.

★ 한자어 ★

언중유골(言中有骨)

해설 • 언중유골(言中有骨) : 말 속에 뼈가 있다는 뜻으로, 예사로운 말 속에 단단한 속뜻이 들어 있음을 이르는 말.
• 수수방관(袖手傍觀) : 팔짱을 끼고 보고만 있다는 뜻으로, 간섭하거나 거들지 아니하고 그대로 버려둠을 이르는 말.
• 우문현답(愚問賢答) : 어리석은 질문에 현명한 대답이라는 뜻으로, 어리석은 질문을 해도 현명하게 대처하여 답을 말함을 이르는 말.

29회 | 128~130쪽

★ 그림으로 낱말 찾기 ★
❶ 데다 ❷ 가열 ❸ 식히다 ❹ 부풀다 ❺ 찌그러지다

★ 낱말 뜻 알기 ★
❶ 짐승 ❷ 뜨거운 ❸ 높이, 공간 ❹ 빙하, 얼음덩어리
❺ 모래, 반죽한

★ 낱말 친구 사총사 ★
❹

해설 '빙산의 일각' 은 대부분이 숨겨져 있고, 외부로 나타나 있는 것은 극히 일부분에 지나지 아니함을 비유적으로 이르는 관용구입니다.

★ 연상되는 낱말 찾기 ★

덫, 오염, 콘크리트

★ 짧은 글짓기 ★
❶ 예 우리는 운동장에서 한껏 부푼 풍선을 하늘로 띄웠다.
❷ 예 동생은 덥다며 베란다로 나가 땀을 식혔다.
❸ 예 나는 공원에서 놀다가 찌그러진 공을 주웠다.

낱말 쌈 싸 먹기

★ 맞춤법 ★
달였다

해설 '달이다'는 '액체 따위를 끓여서 진하게 만들다, 약제 따위에 물을 부어 우러나도록 끓이다.'라는 뜻이고, '다리다'는 '옷이나 천 따위의 주름이나 구김을 펴고 줄을 세우기 위하여 다리미나 인두로 문지르다.'라는 뜻입니다. 따라서 문장에 어울리는 낱말은 '달이다'입니다.

★ 띄어쓰기 ★
㉮

해설 '눈여겨보다'는 '주의 깊게 잘 살펴보다.'라는 뜻으로, 붙여서 한 낱말로 씁니다.

★ 관용어 ★
분초

해설 그림은 슈퍼마켓에서 선착순으로 주는 선물을 받기 위해 엄마와 아이가 급하게 뛰어가는 상황을 표현하고 있습니다. 이런 상황과 어울리는 관용구에는 '분초를 다투다'가 있습니다. '분초를 다투다'는 '아주 짧은 시간이라도 아끼어 급하게 서두르다.'라는 뜻을 갖고 있습니다.

★ 한자어 ★
萬物(만물), 利用(이용)

30회 | 132~134쪽

낱말은 쏙쏙! 생각은 쑥쑥!

★ 그림으로 낱말 찾기 ★
❶ 널 ❷ 동아줄 ❸ 투호 ❹ 지탱하다 ❺ 굴렁쇠

★ 낱말 뜻 알기 ★
❶ 쓰러지지 ❷ 소라, 비틀린 ❸ 예술, 독창적
❹ 기분, 가볍고 ❺ 화살, 승부

★ 낱말 친구 사총사 ★
❸

해설 ❶, ❷, ❹에 쓰인 '튀어, 튀지'는 '탄력 있는 물체가 솟아오르다.'라는 뜻이고, ❸에 쓰인 '튀는'은 '어떤 힘을 받아 작은 물체나 액체 방울이 위나 옆으로 세게 흩어지다.'라는 뜻입니다.

★ 연상되는 낱말 찾기 ★
널, 폭발, 동아줄

★ 짧은 글짓기 ★

- **예** 엄마는 밤마다 서재에서 소설을 창작하는 일에 몰두하였다.
- **예** 우리 가족은 명절 때 시골에서 굴렁쇠를 굴려 보았다.
- **예** 나는 오늘 학교에 경쾌한 옷차림을 하고 갔다

낱말 쌈 싸 먹기

★ 맞춤법 ★
고지들을 → 곧이들을

해설 '곧이듣다[고지듣따]'는 '고지듣다'로 잘못 쓰기 쉬운 말입니다. 글자의 모양과 읽을 때의 소리가 다른 낱말은 틀리기 쉬우므로 바르게 기억하여 둡니다.

★ 띄어쓰기 ★
㉯

해설 '고이고이'는 '매우 소중하게 또는 정성을 다하여'라는 뜻으로, 붙여서 한 낱말로 씁니다.

★ 관용어 ★
바가지

해설 그림은 오백 원밖에 안 하는 장난감을 이천 원이나 주고 산 상황을 표현하고 있습니다. 이런 상황과 어울리는 관용구에는 '바가지를 쓰다'가 있습니다. '바가지를 쓰다'는 '요금이나 물건 값을 실제 가격보다 비싸게 지불하여 억울한 손해를 보다.'라는 뜻을 갖고 있습니다.

★ 한자어 ★
적반하장(賊反荷杖)

해설
- 자화자찬(自畵自讚) : 자기가 그린 그림을 스스로 칭찬한다는 뜻으로, 자기가 한 일을 스스로 자랑함을 이르는 말.
- 자업자득(自業自得) : 자기의 업을 스스로 받는다는 뜻으로, 자기가 저지른 일의 결과를 자기가 받음을 이르는 말.
- 적반하장(賊反荷杖) : 도둑이 도리어 몽둥이를 든다는 뜻으로, 잘못한 사람이 도리어 잘한 사람을 나무라는 경우를 이르는 말.

가로·세로 **낱말** 만들기

01 회 | 15쪽

어 르 다
깨 금 발 아 름 드 리

02 회 | 19쪽

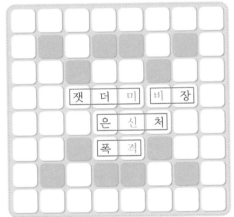

잿 더 미 비 장
은 신 처
폭 격

03 회 | 23쪽

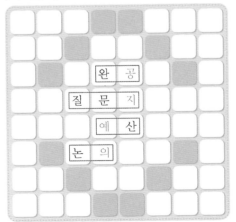

완 공
질 문 지
예 산
논 의

04 회 | 27쪽

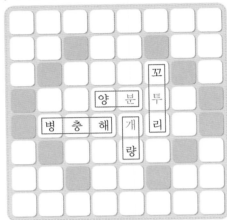

꼬
양 분 투
병 충 해 개 리
량

05 회 | 31쪽

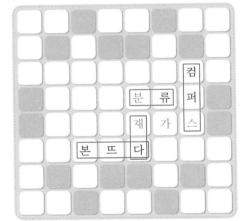

컴
분 류 퍼
재 가 스
본 뜨 다

06 회 | 35쪽

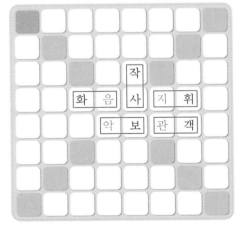

작
화 음 사 지 휘
악 보 관 객

07 회 | 39쪽

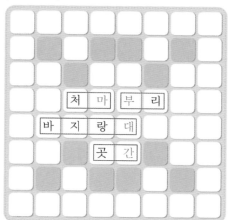

10 회 | 51쪽

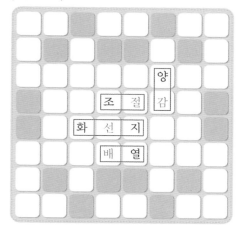

08 회 | 43쪽

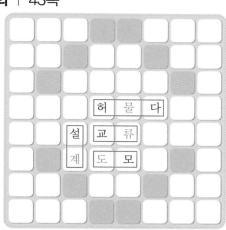

11 회 | 55쪽

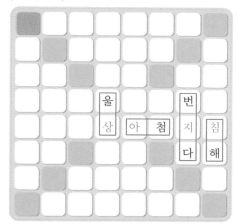

09 회 | 47쪽

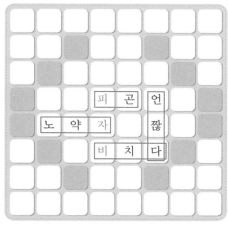

12 회 | 59쪽

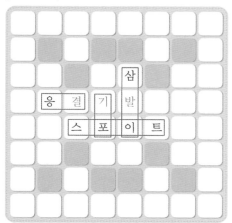

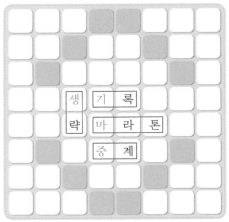

생 기 록
략 마 라 톤
중 계

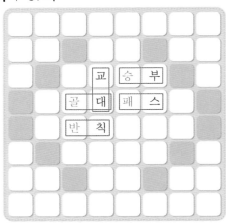

교 승 부
골 대 패 스
반 칙

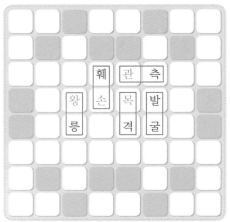

훼 관 측
왕 손 목 발
릉 격 굴

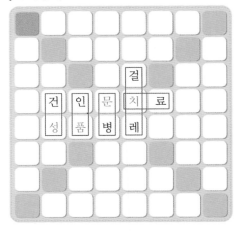

걸
건 인 문 치 료
성 품 병 레

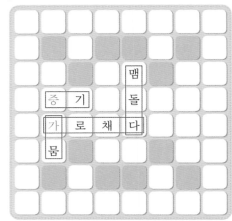

맴
증 기 돌
가 로 채 다
뭄

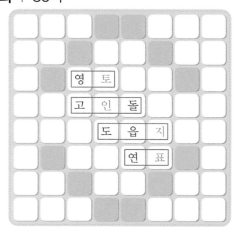

영 토
고 인 돌
도 읍 지
연 표

19 회 | 87쪽

보	채	다
예	식	장
촌	수	
	명	절

22 회 | 99쪽

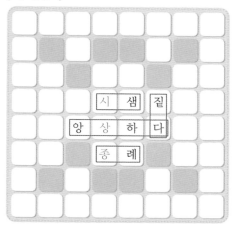

시	샘	짙
앙	상	하	다
	종	례

20 회 | 91쪽

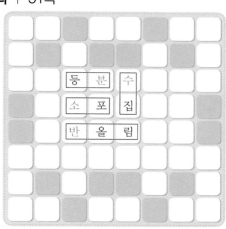

등	분	수
소	포	집
반	올	림

23 회 | 103쪽

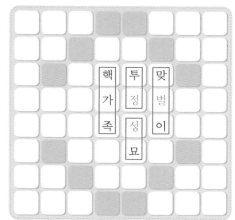

핵	투	맞
가	정	벌
족	성	이
	묘	

21 회 | 95쪽

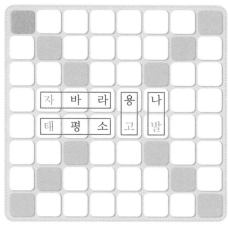

자	바	라	용	나
태	평	소	고	발

24 회 | 107쪽

새	치	기
학	예	회
지	푸	리	다

25 회 | 111쪽

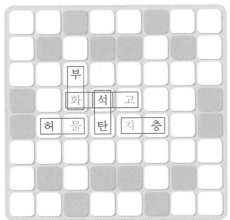

28 회 | 123쪽

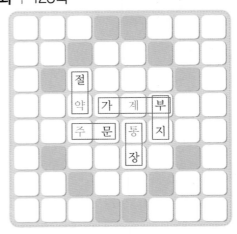

26 회 | 115쪽

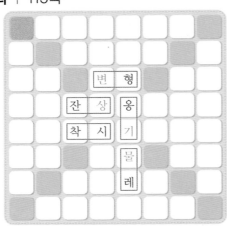

29 회 | 127쪽

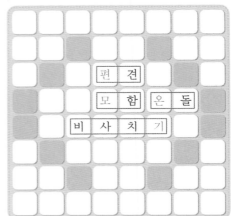

27 회 | 119쪽

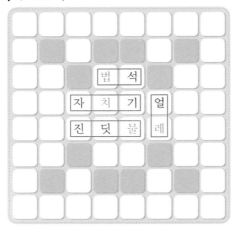

30 회 | 131쪽

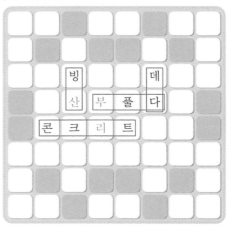